Linguaggio Del Corpo

I Migliori Consigli Per Migliorare Il Tuo Linguaggio Del Corpo

(Come Leggere Immediatamente Il Linguaggio Del Corpo A Prima Vista)

Arrigo Nucci

I0090349

Traduzione di Daniel Heath

© **Arrigo Nucci**

Todos os direitos reservados

Linguaggio Del Corpo: I Migliori Consigli Per Migliorare Il Tuo Linguaggio Del Corpo (Come Leggere Immediatamente Il Linguaggio Del Corpo A Prima Vista)

ISBN 978-1-989808-91-7

TERMINI E CONDIZIONI

INDICE

Parte 1

Introduction

La comunicazione è un aspetto importante della vita di tutti i giorni, che tu sia un uomo d'affari, un professore, un lavoratore o semplicemente un animale sociale, modo in cui siamo conosciuti noi esseri umani. Il linguaggio del corpo è una parte essenziale della comunicazione in quanto ci aiuta ad interpretare il messaggio che la persona sta provando a mandare. Nei capitoli successivi, leggerai di qualsiasi azione non verbale, dai gesti al tono della voce e persino riguardo l'abbigliamento e la postura adeguati ad un determinato evento. Il nostro corpo parla ben più di quanto ci piaccia ammettere, e senza tutti queste piccole azioni, il pensiero reale sarebbe incompleto. Questi segni e gesti possono cambiare completamente il significato del messaggio e se si fallisce nell'analizzare adeguatamente queste azioni, le conseguenze potrebbero essere devastanti. Comprenderle adeguatamente è quasi un'arte, come persino usarle regolarmente nella nostra vita, è difficile credere quanto un piccolo gesto possa essere di grande aiuto.

Il linguaggio del corpo comprende i movimenti di mani e gambe, le espressioni facciali, il tocco, lo spazio personale e la postura. Molti di noi falliscono quando si tratta di interpretare queste azioni, il che li porta ad una perdita di fiducia o a contrattempi simili. Uno per uno, discuteremo di tutti gli elementi che compongono il linguaggio del corpo nel dettaglio e faremo luce sulle diverse tecniche che ognuno di essi comprende. Le persone pensano che solitamente contino solo le espressioni facciali, ma non è affatto così: ognuno degli elementi menzionati precedentemente ha un ruolo importante, e quando si mettono tutti insieme, formano un canale attraverso il quale mandare un messaggio!

Capitolo 1: COS'è il linguaggio del corpo? Comunicazione non verbale e linguaggio del corpo

La comunicazione è un'arte essenziale che utilizziamo nelle nostre vite quotidianamente tra amici, con la famiglia, con i colleghi e con i collaboratori. È composta da due sottocategorie: comunicazione verbale e comunicazione non verbale. La comunicazione verbale è composta fondamentalmente da parole scambiate faccia a faccia o tramite qualche mezzo. La comunicazione non verbale comprende gesti ed espressioni utilizzati per mandare un messaggio. Il nostro corpo parla molto quando si parla di comuncazione attraverso mezzi non verbali ed è essenziale conoscere sia come utilizzare sia come interpretare o analizzare questi segnali. La comunicazione viene anche utilizzata per portare informazioni da un luogo all'altro, tra partecipanti e riceventi che codifichino o decodifichino il messaggio. Quando le parole ci tradiscono, le nostre azioni parlano ben più forte, ed è per questo che è per noi necessario comprendere di conseguenza questi gesti. Per comprendere il linguaggio del corpo, devi innanzitutto comprendere la comunicazione.

Indovina! Persino la respirazione o fare l'occhiolino rientrano nel linguaggio del corpo. Le persone hanno la tendenza a credere che la comunicazione non verbale o il linguaggio del corpo siano essenziali soltanto quando entrano in gioco i sentimenti o le emozioni, ma questa è una falsa credenza in quanto i segni non verbali hanno una parte molto importante anche nella tua vita professionale.

Il linguaggio del corpo diventa più visibile quando una persona mostra una delle sei emozioni di base, ma anche il mentire ed il nervosismo sono altrettanto facilmente riconoscibili. A meno che tu non osservi tutti i segnali che vengono mostrati, potresti fraintendere il messaggio reale. Ad esempio: le braccia incrociate non vogliono intendere necessariamente un atteggiamento difensivo, magari l'altra persona ha semplicemente freddo. Le parole possono essere create e praticate, ma il linguaggio del corpo non può mai divergere dall'essere genuino o originale, a meno che non si miri a farlo.

Decodificare e codificare

Che si parli di verbale o non verbale, ci sono due processi che prendono atto durante la comunicazione. Il codificare è quando mandi un messaggio, ad esempio oralmente o scritto. Il decodificare è quando la persona interpreta il messaggio, ad esempio quando ascolta o legge. Entrambi questi processi coinvolgono l'utilizzo dei tuoi organi sensoriali, innescati dagli stimoli. Il codificare, in termini di linguaggio del corpo, vuol dire utilizzare segnali come i gesti durante un discorso, che accada in maniera intenzionale o inconscia. Il decodificare si ha quando la persona prova a comprendere il messaggio prestando attenzione selettiva alle azioni verbali e non verbali.

Partecipanti e canali

I partecipanti sono coloro che prendono attivamente parte nel processo comunicativo, come amici o familiari. I canali sono i mezzi attraverso i quali vengono mandate le informazioni, come telefoni cellulari o email. Visto che il nostro argomento principale è il linguaggio del corpo, discuteremo solamente della comunicazione faccia a faccia e online.

Contesti

Ci sonocirca 5 contesti dove può succedere di imbattersi in una forma comunicativa. Il contesto fisico è quello dove abbiene la conversazione, l'ambiente e la temperatura. Il contesto storico è la storia della conversazione e se ha avuto luogo in passato. Il contesto sociale è il tipo di natura cche hanno i partecipanti, che siano amici, colleghi o altro. Il contesto psicologico riguarda l'umore o le emozioni dei partecipanti. Ed infine, il contesto culturale che cambia da società a società, comprendendo tutte le credenze ed i valori culturali.

Mantieni sempre a mente il contesto prima di interpretare un segno non verbale, in quanto variano in base al contesto e alla persona. Ciò che un gesto significa in un determinato contesto, potrebbe avere un altro significato in un altro contesto. Ad esempio, il pollice in alto vuol dire "ok" nella maggior parte del mondo, ma nei Paesi arabi è considerato un gesto offensivo, quindi qui entra in gioco il contesto culturale.

InterpersonaleeIntrapersonale

La comunicazione interpersonale avviene tra due persone con una relazione identificabile, quale amicizia, membri della stessa famiglia o dello stesso gruppo di lavoro. L'intrapersonale è un parlare a sé stessi che solitamente avviene nella tua mente quando sei da solo. A volte entrambe queste forme di comunicazione comprendono segnali non verbali, quando parli con te stesso hai la tendenza a muovere le braccia intorno senza sapere che anch'esse agiscono come mezzo di comunicazione.

Feedback

Questa è la risposta alla nostra comunicazione che ha più segni non verbali da analizzare. Si tratta principalmente di leggere le espressioni facciali dell'altra persona, o comprendere i loro gesti in base a ciò che hai detto. Dovremo entrare nei dettagli di ogni forma di tecnica che puoi utilizzare per analizzarli adeguatamente!

campi

La comunicazione è utilizzata in qualsiasi campo e il processo analitico si differenzia in base ai vari campi. Ad esempio, un gesto che è utilizzato nel mondo degli affari probabilmente avrà un significato diverso in un altro ambito sociale. Molti di questi canali di comunicazione non verbale sono sottili e utilizzati in maniera non consapevole il che, a volte, rende il leggerli o comprenderli più difficile o ingannevole. Il linguaggio del corpo e la sua analisi hanno un'importanza significativa nel campo della psicologia, ed è questo il motivo per cui esperti dell'ambito siano migliori nel leggere le persone, in quanto è parte del loro lavoro. Gli indizi per scoprire gli inganni vengono ampiamente utilizzati dalle autorità legali per vedere se qualche comportamento mostrato da una determinata persona possa dare indizi su altro. In molti casi delicati, l'osservazione del linguaggio del corpo detiene molto peso nei casi di omicidio o furto.

Anche sul posto di lavoro, si possono notare i cambiamenti nel comportamento di un collaboratore quando si esalta, è triste o sotto tensione. La stessa regola si applica agli amici e ai membri di famiglia che non sono bravi con le parole, quindi è il loro corpo a parlare.

L'IMPORTANZA DELL'ascoltatore

Aspetti come i nostri gesti, il contatto visivo, il tono della nostra voce ecc, mandando messaggi molto potenti e l'ascoltatore ha la tendenza a credere più a questi segni non verbali piuttosto che alle parole che vengono realmente dette, visto che questi aspetto sono azioni involontarie e perciò molto più credibili delle parole reali. Tali aspetti sono d'aiuto anche quando si chiude un affare o quando si vuole fare una buona prima impressione. Molte coppie mostrano autorità e appartenenza l'uno all'altra avvolgendo un braccio intorno alle spalle della persona amata, tenendosi le mani ecc., quindi se non riesci a leggere questi segnali adeguatamente potresti ritrovarti davanti ad un problema non esattamente amichevole. Con un minimo di psicologia, è facile per tutti capire come leggerli adeguatamente!

Capitolo 2: espressioni facciali
Cosa sono le espressioni facciali?

I muscoli del nostro viso possono collaborare per creare facce buffe o seriose. Immagina quanto un sorriso possa cambiare o quanto un'espressione arrabbiata riesca a zittire le persone. Usiamo queste espressioni ogni giorno sia di persona sia online tramite emoticon e smiley. Più del 70% di queste espressioni facciali sono solitamente involontarie, ma forse è ciò che le rende ancora più credibili. Il contatto visivo è la parte maggiore dell'espressione facciale, troppo o troppo poco può creare risultati davvero variabili. Poche espressioni come la paura, il disgusto, la sorpresa, la tristetta e la gioia sono le stesse, ovunque tu vada nel mondo.

Cosa dicono le espressioni facciali?
Contatto visivo

Come dice il detto, "**gli occhi sono la finestra dell'anima.**" Questo detto è più vero di quanto ci si possa aspettare in quanto basta semplicemente guardare negli occhi di qualcuno per dire cosa sta provando, quali sono le sue emozioni e addirittura cosa sta pensando. Il termine specifico utilizzato per questo è studio del contatto visivo, che spiega quanto e perché guardiamo le persone. Il tempo che una persona riesce a mantenere contatto visivo con te può dirti molto sul suo interesse o attrazione. Qui ci sono alcuni consigli e trucchetti che puoi usare!

1. La frequenza con cui una persona sbatte le palpebre è direttamente proporzionale al suo nervosismo. Più spesso una persona sbatte le palpebre, più è nervosa.

2. Non è significativa solo la durata dello sguardo, ma anche dove esso viene concentrato. Anche se molte persone si concentrano sugli occhi, ce ne sono altre che tendono a fissare il naso, le labbra o altre caratteristiche del viso. Notando dove una persona punta lo sguardo puoi facilmente scoprire

l'importanza del suo interesse in te o sul discorso.

3. Strizzare gli occhi è una tecnica a volte utilizzata negli interrogatori o durante le minacce, in dipendenza al contesto della situazione.

4. In alcune culture, principalmente asiatiche, il contatto diretto visivo è considerato come competitività o addirittura come una mancanza di rispetto. Al contrario, nei Paesi occidentali è un segno di coinvolgimento e fiducia. Secondo alcuni studi, la durata di uno sguardo dipende anche dal genere della persona, dimostrando che le donne riescono a mantenere lo sguardo più a lungo degli uomini nella maggior parte delle situazioni.

5. Nelle relazioni o tra persone di sesso opposto coinvolte intimamente, uno sguardo significa interesse. La dilatazione delle pupille è un segno di attrazione o piacere che mostra che la

persona ha un battito cardiaco accelerato.

6. Le pupille serrate, comunque, mostrano disinteresse o freddezza. Il troppo contatto visivo potrebbe risultare inquietante e mettere a disagio, troppo poco potrebberisultare come un atteggiamento presuntuoso ed egoista, quindi stabilisci sempre un moderato quantitativo di contatto visivo.

Cosa sono gli spostamenti dello sguardo?

L'idea generalmente accettata è che gli occhi che guardano verso destra vogliono dire che l'interlocutore sta mentendo o che stia inventando durante la conversazione. D'altro canto, guardare a sinistra suggerisce che si sta ricordando o si stanno richiamando alla memoria fatti e memorie. Altre direzioni sono guardare verso il basso, verso l'alto, e addirittura di sbieco, ma sono per lo più teorie e quindi non scenderò nei dettagli.

Altri segni

Una persona con un interesse in una determinata conversazione avrà le pupille dilatate, mentre qualcuno annoiato dalla conversazione guarderà principalmente a destra ed eviterà il contatto visivo.

Un modo per scoprire le bugie è notare le espressioni facciali: i bugiardi hanno la tendenza ad evitare il contatto visivo e a mettere sul proprio volto un sorriso finto.

Le sopracciglia inarcate a V e i pugni serrati o le braccia incrociate mostrano che una persona è arrabbiata e non desiderosa di partecipare alla conversazione.

Le tue sopracciglia e la bocca giocano un ruolo in tutto ciò?

Anche le sopracciglia giocano un ruolo in tutto questo; le sopracciglia sollevate solitamente mostrano confusione o domande, mentre le sopracciglia aggrottate mostrano che la persona è immersa nei suoi pensieri. Si sollevano leggermente quando si è sorpresi o felici, e similarmente si corrucciano leggermente quando si è tristi.

Il sorriso, l'espressione classica e sempre così brillante. Un sorriso è un segno buono ed un broncio è un brutto segno, questo è più o meno tutto ciò che devi tenere a mente. Anche la bocca ha un tuolo nell'esprimere parole non dette.

Le labbra contratte, ad esempio, mostrano malcontento, mentre il mangiarsi le unghie mostra frustrazione o nervosismo.

Micro epressioni

Un nuovo studio ha fatto chiarezza sulle micro espressioni. Queste espressioni durano soltanto pochi secondi e serve avere un buon occhio anche solo per notarle. Ricerche ancora in corso mostrano che le micro espressioni sono contrazioni involontarie dei muscoli facciali che dipingono direttamente la nostra emozione di quel momento, ma a causa del poco tempo in cui restano, solitamente passano inosservate.

Altri campi

Le espressioni facciali tornano utili quando vuoi fare una buona impressione sul tuo pubblico dopo una presentazione.

Il consiglio è quello di mantenere un buon contatto visivo con ogni sezione del pubblico così che nessuno si senta ignorato, avere uno sguardo di interesse e passione per accattivare il pubblico e non scordare di sorridere spesso e volentieri. In particolar modo quando si parla in un gruppo di più di due persone, dovresti fare in modo di avere contatto visivo con tutti ed includere chiunque nella conversazione così da nonfarsentirenessunolasciato daparte oditroppo.

La stessa regola si applica agli insegnanti che vogliano assicurarsi che i propri studenti prestino attenzione. Queste espressioni, a dire il vero, possono essere utilizzate ovunque e da chiunque, tutto ciò che ti serve sapere è come usarle!

Capitolo 3: Gesti Cosa sono i gesti?

I gesti sono una forma affidabile di comunicazione non verbale in quanto possono essere utilizzati per illustrare le tue emozioni ed i tuoi sentimenti. Anche se variano da cultura a cultura, ce ne sono alcuni che sono socialmente accettati quasi ovunque. Ecco perché è importante comprendere ed analizzare correttamente i gesti, in quanto una interpretazione falsata può portare a fraintendimenti. Le persone dovrebbero fare attenzione nel non utilizzare troppi gesti in quanto potrebbero distrarre l'interlocutore dal messaggio reale. alcune persone hanno la tendenza a parlare con le loro mani, il che non è così buono come ci si aspetta. Le parti del corpo comunemente coinvolte nel gesticolare sono solitamente le mani, le braccia, le gambe e i piedi. A volte ciò che un gesto significa per una persona può significare qualcos'altro per un'altra persona, ma ci sono alcuni gesti generici di cui adesso discuteremo nel dettaglio.

Agiti le braccia?

1. I gesti comuni relativi alle mani sono i pugni chiusi e i palmi aperti, il primo che mostra rabbia, insicurezza o chiusura, il secondo che mostra apertura e sicurezza. I palmi aperti sono anche un modo per mostrare che non si ha niente da nascondere. Le persone hanno difficoltà a dire la verità mantenendo i palmi aperti, quindi se vuoi convincere i tuoi interlocutori della tua innocenza, sai cosa fare!

2. Le donne hanno la tendenza a mettere le mani sui fianchi o in tasca per mostrare indipendenza e prevalenza.

3. La maggior parte delle persone strofinano i palmi delle mani l'uno contro l'altro per mostrare eccitazione o una nuova idea.

4. Le braccia incrociate risultano come un atteggiamento riluttante o ostile, scatenato solitamente da noia, stanchezza e rabbia.

5. Un altro gesto più comune tra le donne è tenere un braccio intorno al corpo, ed è un segno di nervosismo e autodifesa. Le braccia dietro la schiena mostrano fiducia o predominio, mentre le mani strette davanti al corpo sono sintomo di insicurezza o di disagio. Specialmente durante le presentazioni e meeting, le mani incrociate dietro la schiena risultano come presunzione, quindi solitamente questo gesto è considerato da stolti.

6. Indice e medio in alto a formare una V sono un segno di vittoria e pace, mentre il pollice in alto è un segno per dire "ok" o "bene."

7. Altri gesti delle mani includono l'indicare, lo stringere le mani, lo schioccare le dita, il muoverle verso il basso o il salutare. Questi gesti vengono usati frequentemente dai presentatori per tutto il pubblico, ma quando pensiamo ad essi, noteremo che anche la maggior parte di noi li usa nelle conversazioni quotidiane.

Cosa significano le strette di mano?

Le strette di mano si usano da secoli, gli storici dicono che furono utilizzate inizialmente per dimostrare di essere disarmati e poi arrivarono ad essere utilizzate nel commercio o per chiudere affari. Le strette di mano oggi sono comuni in tutte le culture. Nel mondo occidentale, una salda stretta di mano è un segno di rispetto e fiducia, ma nel mondo orientale, specialmente nelle società islamiche, le strette di mano tra persone di sesso opposto vengono biasimate e risultano insolite. Una stretta di mano piena di disagio o debole può mostrare mancanza di fiducia, insicurezza o maleducazione. Una stretta di mano nella quale vengono utilizzate entrambe le mani è segno di fiducia, promessa e lealtà. È un tipo di stretta di mano che dovresti usare con persone con le quali hai confidenza, utilizzata con estranei potrebbe risultare strana e creare disagio. Molti politici usano questo tipo di stretta. Questi gesti vengono spesso fraintesi, il che porta ad una confusione.

Quali sono le afeguate posture da seduti e in piedi?

1. Le posizioni in piedi o seduti cambiano tra maschi e femmine. Solitamente, braccia e gambe vengono associate ed hanno lo stesso significato. Per un uomo star seduto a gambe aperte è normale, mentre per una donna non lo è. Le donne giovani tendono a star sedute tenendo le gambe incrociate, mentre le donne più adulte siedono tenendo le gambe chiuse in segno di modestia.

2. Giocare con le scarpe è un gesto sensuale comune che suggerisce un'attrazione ed è utilizzato come una forma di flirt. Mostra anche amicizia e tranquillità.

3. La posizione della caviglia in chiusura è sintomo di insicurezza e di atteggiamento in difensiva, che suggerisce che quella persona voglia spazio o desideri di essere lasciata da sola.

4. Tenere le gambe divaricate quando si è in piedi segnala fiducia e prontezza, mentre le ginocchia serrate sono un chiaro segno di pressione e nervosismo, in dipendenza dalla situazione.

5. In molte culture, è considerato un gesto maleducato sedersi con le gambe incrociate o con una gamba sopra l'altra, specialmente in presenza di persone più anziane, potrebbe mostrare leggerezza e addirittura risultare irrispettoso o indicare un comportamento scherzoso.

Altri gesti

Ci sono alcuni piccoli gesti che sono specifici per determinate culture, come ad esempio l'inchinarsi, un segno di rispetto nella parte cinese dell'Asia. Anche se inchinarsi è una cosa più comune tra gli uomini, è ancora ampiamente usato al giorno d'oggi. Precedentemente, era un modo per riconoscere la presenza di qualcuno di ceto sociale più alto, ma oggi è principalmente utilizzato come gesto di apprezzamento.

Allo stesso modo, l'inchino apparteneva alle donne quando incontravano la nobiltà e adesso è meno comune, solitamente usato nelle performance di danza.

Altri gesti delle mani vengono utilizzati per mostrare rabbia e non sono etici, quindi disapprovati. Leggere i gesti di una persona è una parte importante in una conversazione e può mostrare, a seconda dei casi, l'entusiasmo o il disinteresse dell'interlocutore.

Anche quando le donne giocano con i capelli o tamburellano con le dita è parte dei gesti per flirtare.

Alzare gli occhi al cielo è un gesto che indica noia e incuranza se utilizzato in risposta a qualcosa, come guardare l'orologio può suggerire che sei di fretta o che qualcosa non vale il tuo tempo.

Tra i segni che dimostrano ansia ci sono l'armeggiare con le dita, con l'orologio o con i polsini delle maniche, anche le gambe tese ed il piede che tamburella per terra sono segni di nervosismo e insicurezza. Alcuni gesti che possono suggerire che il nostro interlocutore stia mentendo sono il grattarsi il naso, lo strofinarsi il naso, e giocare con le orecchie. Adesso, non ci sono solide regole attraverso le quali giudicare una persona, ma questi gesti possono darci un vago profilo e magari suggerirci semplicemente qualcosa che altrimenti non avremmo notato.

Stringere il mento o grattarsi la testa è un gesto che potrebbe suggerire che l'interlocutore sta richiamando alla memoria alcune informazioni ed è profondamente perso nei propri pensieri.

Un'alzata di spalle è un gesto normale che indica che non sai qualcosa. Altri gesti come gonfiare il petto mostra predominanza o orgoglio, le mani dietro la testa vengono principalmente usate da avvocati e uomini d'affari per suggerire che non hanno niente da nascondere e hanno il totale controllo della situazione corrente.

Tossire e sbadigliare sono anch'essi segnali di noia o scherno, quindi a meno che ti non stia provando a farli discretamente, stai attento a ciò che ti circonda.

Se usati correttamente e studiati bene i gesti del corpo, possono essere scoperti molti significati nascosti che una persona non mette in parole, ma che davvero mostra attraverso il linguaggio del corpo.

Capitolo 4: Paralinguistica, prosemica e aptica

Non preoccuparti mai di queste strane parole, sono in realtà piuttosto facili da capire e te le spiegherò una ad una. Come detto prima, il linguaggio del corpo comprende anche il tono della voce, lo spazio personale ed il tocco. Inoltre, discuteremo anche delle critiche e delle teorie sui termini appena menzionati.

Paralinguistica

La comunicazione parlata che non coinvolge le parole ma si concentra piuttosto sul tono, sulla parlantina e sul volume della voce è conosciuta come paralinguistica. Questo è un aspetto controverso nel linguaggio del corpo in quanto le persone pensano che sia parte della comunicazione verbale, ma ciò non toglie che io reputi importante avere un'idea di cosa sia. Nello specifico discuteremo dei vocalizzi. La cosa comprende i seguenti termini: tasso, tono, volume e qualità.

1. Il tasso è il numero di parole che una persona riesce a pronunciare, il tasso medio è tra le 100 e le 200 parole al minuto. Quando una persona è emozionata, felice o nervosa riesce a pronunciare meno parole al minuto. Chi parla velocemente risulta solitamente insulso, mentre chi parla lentamente risulta noioso o interessante.

2. Il tono indica quanto è alto o basso il tono della tua voce, solitamente usato per enfatizzare un punto o far notare una domanda. Una persona nervosa ha un tono più alto del solito, mentre una persona triste utilizza un tono più basso.

3. Il volume è appunto la gamma di volumi che può raggiungere una voce. Le persone che parlano ad alta voce vengono indicate come sicure o stupide, mentre le persone con voci più delicate sono famose per essere considerate insicure e timide. Il volume della voce viene anche utilizzato per

farsi ascoltare in una situazione chiassosa, mentre un tono più delicato viene utilizzato in scenari romantici. La qualità è l'aspetto che distingue una voce dalle altre, che sia troppo affannosa, nasale o tremolante.

In un certo senso, la paralinguistica aggiunge enfasi a ciò che stai dicendo, che sia a voce alta o con un tono più delicato. Queste caratteristiche avvisano l'ascoltatore su come interpretare il messaggio. Alcuni linguisti vanno oltre i segnali vocali ed includono anche le espressioni facciali, i gesti ed i movimenti del corpo nella paralinguistica.

Cosa vuol dire quando qualcuno ti imita?

Un altro trucco nel linguaggio del corpo è l'imitare, ovvero mimare o copiare il linguaggio del corpo dell'altra persona. Ci sono studi che mostrano che questo tende a creare un senso di fiducia e stabilisce buoni sentimenti. Quando due persone sincronizzano il loro linguaggio del corpo, sentono una connessione reciproca e contano sulla comprensione l'una dell'altra, mentre due persone con linguaggi del corpo differenti tendono a sentirsi a disagio e non ben assortite.

Se vuoi risultare amichevole e compatibile con qualcuno, imita le loro azioni; ad esempiio, bevi quando lo fa l'altra persona, appoggiati indietro quando lo fa l'altra persona, ecc. L'altro si sentirà immediatamente meglio e al sicuro.

La maggior parte degli impiegati utilizza questa tecnica con i propri capi per creare un senso di amicizia ed un ambiente amichevole. Il semplice imitare le azioni del capo e stabilire una connessione reciproca, aiuta anche nell'ottenere la sua approvazione per delle determinate richieste.

Anche nelle negoziazioni o quando si vuole essere persuasivi questa tecnica risulta utile, puoi far leggermente tendere la persona verso la tua direzione seguendo la linea delle sue indicazioni non verbali. Inconsciamente, alcune persone seguono ed imitano le azioni di qualcuno che elevano ad idolo, come un leader o una celebrità. Non soltanto le azioni, ma anche il loro vestiario e il modo in cui parlano.

L'imitare non riguarda sempre i gesti e le espressioni facciali, può anche riguardare il tasso di parole dette o il ritmo della voce della persona, imitare queste caratteristiche può mostrare che sei affascinato dall'altro ed apprezzi la sua presenza.

Prosemica

Lo spazio personale, o prosemica, è una parte vitale nel linguaggio del corpo perché decide il livello di agio o cordialità della persona. Lo spazio personale varia da persona a persona, dipendendo anche dalla natura della relazione stessa, comprendendo i valori culturali. È in qualche modo una indivdualizzazione biologica della distanza che vogliamo mantenere.

Qui alcune distanze che dovresti ricordare: 0-15 cm è la distanza tra gli amanti e i partner intimi; 15-45 cm è la distanza tra amici stretti o nei bar, durante le feste o quando si pratica sport. 50-120 cm è la distanza tra familiari o amici, dove non c'è contatto fisico non necessario o intimità. 120-400 cm è la distanza lavorativa tra colleghi o collaboratori. Oltre i 4 metri è spazio pubblico, dove non ci sono interazioni evidenti.

Il senso di spazio personale di una persona può variare nel tempo, per esempio nel caso si stringa più amicizia con qualcuno. In alcune situazioni, una persona rifiuta l'ingresso di chiunque nel proprio spazio personale in segno di rappresaglia, mostrando che potrebbe dare problemi e che vuole restare sola. Forzare quella persona creerà più danni che altro, quindi ricorda sempre di dare all'altra persona lo spazio personale di cui ha bisogno.

aptica

Aptica è il termine utilizzato per come e perché comunichiamo attraverso il contatto, come le strette di mano, gli abbracci, i baci, il solletico, ecc. Definisce anche il livello di agio o attrazione di una persona, ma la prospettiva cambia da persona a persona: ciò che una persona può trovare appropriato potrebbe mettere a disagio qualcun altro. Dipende anche da altri aspetti quali sesso e cultura, e sono da tenere a mente dove una persona viene toccata in base alla pressione, al modo e all'identità della relazione nel contesto.

Insieme allo spazio personale, l'aptica può definire la fiducia di una persona in una relazione. Anche abbracciare e tenersi per mano in pubblico è normale in una società americana, ma è meno comune nel resto del mondo occidentale. Dipende anche dai differenti contesti, principalmente sociali o storici.

Capitolo 5: Postura e apparenza
Apparenza fisica

Che ci stia bene o no, le persone ci giudicano dal modo in cui appariamo, specialmente quando si fanno una prima impressione. Non importa che si spenda molto in trucchi e chirurgie per migliorare le proprie caratteristiche, ma altre cose come i capelli, i vestiti e gli occhi rientrano nell'apparenza. Alcune persone tengono molto alla cura del proprio aspetto, mentre ad altre non importa tantissimo.

Le apparenze fisiche, più nello specifico l'abbigliamento formale, conta moltissimo quando si parla di affari o presentazioni. La gente tende a prendere più seriamente le persone formalmente vestite rispetto a quelle vestite casual. Quindi cosa dice davvero l'aspetto di una persona?

La forma del tuo corpo indica qualcosa?

La prima cosa che la gente nota è il tuo corpo, e ci sono tre stereotipi di base sulle forme del corpo.

1. Le persone magre e snelle sono considerate intelligenti e presuntuose, a volte persino antipatiche.

2. Le persone grasse sono considerate amichevoli e gentili, a volte molto allegre e felici.

3. Le persone muscolose sono considerate energiche e socievoli, addirittura competitive.

Questi stereotipi non sono completamente veri, ma ciò nonostante sono un andamento reale.

La tua postura mostra moltissimo

Specialmente durante le interviste, una postura cadente sulla sedia lascia una cattiva impressione mostra che non sei serio riguardo la situazione o che sei annoiato, mentre sedere sul bordo della seduta tende a lasciare un'impressione di prontezza e determinazione.

Un aspetto cadente spesso mostra tristezza e depressione, essere piegati in avanti è un segno di atteggiamento positivo, mentre star piegati all'indietro potrebbe suggerire un atteggiamento negativo. Queste posture vengono spesso osservate dall'intervistatore e potrebbero creare un'impressione su di te prima ancora che tu dica anche solo una parola! Ricordati sempre di tenere la testa alta.

Abbigliamento

Anche l'abbigliamento dipende principalmente dalla situazione corrente. Un uomo d'affari al lavoro, ad esempio, con indosso dei pantaloncini non sarebbe preso seriamente e risulterebbe altamente non professionale.

Per le donne, è consigliabile indossare vestiti ed accessori, compreso smalto e rossetto, dai toni leggeri e spenti. Colori più accesi sono solitamente usati quando si esce per incontri tra amici o simili. Colori come il nero, il marrone,e i colori chiari sono un segno di abbigliamento d'affari, mentre i colori più vivi indicano un abbigliamento informale.

Per gli uomini, un abbigliamento d'affari è un completo, solitamente con una cravatta dal colore spento, mentre uno smoking è un abbigliamento da festa con la funzione di essere anche leggermente formale.

Le persone cambiano il proprio abbigliamento in base all'occasione, ecco perché spesso si viene giudicati dal tipo di vestiti che si porta, firmati o meno.

Tatuaggi e piercing sono un altro modo in cui le persone comunicano non verbalmente, dipingendosi i propri pensieri o le proprie credenze. Anche se sono diventati comuni, le persone con tatuaggi o piercing vengono solitamente considerate come criminali impassibili o delinquenti. Questi sono mezzi di autoespressione che una persona adotta, e molti di essi vengono mal giudicati come segni di una plebe spietata. Il detto dice "mai giudicare un libro dalla copertina," ma alcuni di noi hanno l'abitudine di giudicare solo la copertina.

Conclusioni

Il linguaggio del corpo è un mezzo di comunicazione non verbale e puoi facilmente potenziarlo ed ottenere i risultati che vuoi seguendo qualche piccolo consiglio. Sii cosciente dei tuoi gesti e dei tuoi segnali, non abusarne così da non allontanarti dal messaggio che vuoi realmente dare. Assicurati che i tuoi segnali non verbali siano sincronizzati con la situazione che ti sta passando per le mani. Molte persone hanno l'abitudine di abusare dei gesti o di non utilizzarli affatto. Per quanto riesca ad andare lontana l'interpretazione, non essere frettoloso. Un segno può avere tantissimi significati, quindi devi esserne sicuro prima di fare una supposizione. Sii aperto al cambiamento, un gesto utilizzato da una persona in una conversazione può avere un altro significato in un'altra conversazione, quindi sii pronto ad osservare le diverse prospettive. La comunicazione non verbale è inevitabile e in qualche modo ambigua, ed è un modo per illustrare le nostre emozioni. Comprendere il linguaggio del corpo e analizzarlo correttamente è considerato quasi un'arte. Abbiamo discusso delle espressioni facciali, della prosemica, della paralinguistica, dell'aptica e dei gesti, che tutti insieme compongono il linguaggio del corpo. A volte il significato che diamo al linguaggio del corpo si basa sul genere o sulla cultura, ma nel tempo questo linguaggio è diventato più semplice da codificare e decodificare. Dal momento che il linguaggio del corpo è una parte essenziale in quasi tutti i campi, i significati non variano così tanto e solitamente hanno la stessa definizione generale in tutto il mondo. Per diventare maestri nell'arte della comunicazione, si deve imparare a sincronizzare sempre le azioni non verbali con quelle verbali. Vale lo stesso per chi desidera capire ed analizzare i gesti che compongono il linguaggio non verbale.

Il vero segreto sta nell'osservare le azioni di una persona nell'intero invece che singolarmente, considerando ogni aspetto, come le espressioni facciali, i gesti e l'abigliamento prima di prendere una decisione. Puoi sempre fare delle domande se non sei sicuro su qualcosa, e non scordarti di fare pratica, non puoi diventare un maestro nella comprensione del linguaggio del corpo nel giro di una notte, quindi prendi sempre spunto da un po' di psicologia per capire bene le cose. In quanto il linguaggio corporeo è ampiamente usato nella psicologia, svariati psicologi possono giudicare una persona appena entra nella stanza. Dalla postura all'abigliamento, o persino dalla scelta del colore dello smalto! Le persone nei casinò o che scommettono regolarmente sono anche conosciute per saper ben leggere il linguaggio del corpo per capire quando qualcuno sta bluffando o meno. Fortunatamente, non ci vorrà molto prima che anche tu riesca a leggere bene le persone.

Parte 2

Introduzione

Charlie Chaplin, Buster Keaton, in realtà tutte quelle meravigliose stelle dei film muti, non avevano altri mezzi di comunicazione, a parte il loro linguaggio del corpo e l'espressione facciale. Tranne naturalmente il fumetto di testo occasionale.

Eppure potevano trasmettere qualsiasi messaggio avessero bisogno. Potevano raccontare un'intera storia senza parlare.

Hanno usato queste espressioni in modo esplicitamente esagerato per far sì che il pubblico non avesse dubbi sul messaggio inviato. La loro responsabilità era che facessero un buon lavoro e che il messaggio fosse compreso.

Nella vita quotidiana, nella conversazione e nella comunicazione, il linguaggio del corpo è molto più discreto. Pertanto la responsabilità è sul lettore di decifrare correttamente ciò che non viene detto a voce.

Molto prima dei film muti, la comunicazione non verbale rappresentava un importante strumento di sopravvivenza, l'affetto l'aggressione e tutto il resto veniva trasmesso usando solo questo metodo. Saremmo stati esperti nell'interpretare il più piccolo segnale in altri umani.

Una volta che abbiamo iniziato a parlare, questa abilità è diventata sempre meno usata e spenta, ancora oggi è di solito solo riconosciuta a livello inconscio.

Questo libro ha lo scopo di aiutarti a riaffilare quelle abilità, a riportare il linguaggio del corpo nel regno cosciente.

Usando l'osservazione per vedere ancora una volta cosa ci viene detto da un'altra persona.

Per riportare i nostri sentimenti istintivi sulle altre persone, e su ciò che stanno davvero cercando di dirci, di nuovo sotto il nostro controllo.

Esercitati a cercare i segnali e usa le informazioni contenute in questo libro per metterti in controllo.

Assicurati di inviare i messaggi giusti ad altri, usa il tuo corpo per influenzare al meglio le situazioni e come vieni percepito da chi ti circonda.

Comunicazione non verbale

Questo è tutto ciò che raccontiamo agli altri riguardo una situazione, il nostro stato emotivo e le nostre intenzioni, che non proviene dalle parole che diciamo.

Tutto questo riguarda i messaggi che trasmettiamo agli altri, e loro a noi, attraverso il linguaggio del corpo, i nostri gesti, la nostra espressione facciale, e l'inflessione nel tono delle nostre voci.

Tutte ciò che comunichiamo l'un l'altro a un livello primordiale a parte le parole che escono realmente dalle nostre bocche.

Quindi, come riceviamo questi messaggi?

Un enorme cinquantacinque per cento della proiezione e della ricezione dei messaggi avviene attraverso il linguaggio del corpo.

Questa è la nostra posizione, la nostra vicinanza agli altri, i nostri movimenti, la postura, il posizionamento dei nostri piedi e delle mani.

Così come queste posizioni del corpo c'è anche la nostra espressione facciale, e i cambiamenti che avvengono in ciascuno di questi in risposta a vari stimoli.

Li chiamiamo espressioni perché sono un'espressione visibile verso l'esterno dell'emozione invisibile vissuta da una persona.

Oltretutto ci sono micro espressioni. Una micro espressione è uguale a qualsiasi altra espressione facciale, tranne che si verifica in una frazione di secondo.

Accadono senza che ci rendiamo conto si siano verificati. Le micro espressioni sono risposte inconsce completamente oneste che ci dicono lo stato emotivo di un soggetto senza alcuna interferenza cosciente.

Le micro espressioni sono solitamente "mascherate" in mezzo secondo. Questo a meno che, naturalmente, la persona non abbia nulla da nascondere!

La prossima cosa da tenere in considerazione è come diciamo qualcosa ad un altro essere umano, il nostro tono di voce, che costituisce un ulteriore trentotto percento.

In totale c'è uno sbalorditivo novantatré percento della nostra comunicazione che non ha assolutamente nulla a che fare con ciò che effettivamente diciamo.

Se hai fatto correttamente i tuoi calcoli, noterai che solo il sette per cento della comunicazione ha a che fare con ciò che stiamo effettivamente dicendo.

Questo ci porta alla naturale supposizione che la parte meno onesta di qualsiasi comunicazione sia in effetti la parole dette veramente!

In futuro, quando hai una conversazione con qualcuno, ricorda queste cifre e non essere risucchiato nel crederein tutto quello che ti viene detto.

Allo stesso tempo ricorda di presentarti correttamente agli altri. I segnali che invii vengono ricevuti da altri ad un livello inconscio.

Qualsiasi genitore tra di voi saprà istintivamente che le cifre sopra riportate sono corrette. Conosci i tuoi figli così bene che se provano a dirti qualcosa non vera, puoi "sentirlo".

Sai quando sono a disagio o felici, non devono dirtelo, lo senti.

Quando questo accade, stai facendo affidamento alla comunicazione non verbale senza nemmeno rendertene conto.

Poiché riceviamo questi segnali non verbali a livello inconscio a volte ci confondono. Spesso commenteremo che potrebbe piacerci o non piacere qualcuno quando li conosciamo a malapena, o addirittura al primo incontro con loro.

Questa lettura istintiva va bene, ma può essere facilmente offuscata, specialmente se si ha a che fare con un bugiardo esperto che è molto abile nel mascherare le proprie emozioni.

Guarda i politici. Sono esseri umani ma quando comunicano creano le loro espressioni e i movimenti del corpo per proiettare ciò che vogliono farti credere. Se vuoi vedere cosa pensa davvero un politico, dovrai diventare un maestro nell'interpretare la micro espressione!

Parlando di politici, vale la pena menzionare quanto segue riguardo alla comunicazione verbale.

Sebbene rappresenti solo il sette percento di tutte le comunicazioni, i politici, i venditori e tutti questi tipi di persone la usano contro di noi.

Nello sforzo di massimizzare la loro influenza usano linguaggi e schemi linguistici subliminali. Usano ciò che chiamiamo comandi integrati per influenzare il nostro modo di pensare. Quindi fai attenzione a questi inaffidabili b * st * rdi.

Una volta letto questo libro ti suggerisco di dare un'occhiata al filmato di Richard Nixon negli ultimi giorni della sua presidenza negli Stati Uniti.

Quello che dice è completamente in disaccordo con il suo linguaggio del corpo e le sue micro espressioni. Ha perso tutto e si è dimenticato di se stesso, si affida solo alle sue parole e il resto di lui lo sta deludendo.

Guarda quante volte tira fuori la lingua al popolo americano, la linguetta di "Ho un segreto", durante questi discorsi e interviste.

Se vogliamo sfruttare al massimo l'interpretazione delle comunicazioni non verbali, dobbiamo fare uno sforzo consapevole per decifrarle.

Quando facciamo uno sforzo cosciente e coordinato per interpretare questi segnali, è incredibile quanto capiremo meglio i messaggi che vengono proiettati dagli altri. Immagina che una volta perfezionata la tua capacità di lettura non verbale, come una cosa naturale, l'interpretazione di altre persone diventerà istintiva, avrai la stessa sensazione sugli altri come fai con i tuoi figli o altri che ti sono particolarmente vicini. Amici, venditori, colleghi di lavoro. Mai essere truffato o fregato di nuovo.

Prima di passare alle attuali "interpretazioni" o "racconti", come vengono chiamati, guarderemo primale basi, e poi parleremo di cosa fare per essere in grado di vedere le cose in modo più chiaro, per diventare un esperto nell'interpretazione della non comunicazione verbale.

Inoltre da ora in poi in questo libro mi riferirò a "soggetti" e "lettori". Il lettore sei tu, e il tuo soggetto è la persona di cui stai cercando di interpretare le comunicazioni non verbali.

Congruenza

Questo è l'abbinamento di ciò che il nostro corpo "dice" o proietta, e come trasmettiamo il messaggio di ciò che diciamo verbalmente.

Tutti e tre dovrebbero dare lo stesso messaggio.

L'armonia dei messaggi fa sentire gli altri a proprio agio e al sicuro, sentiamo la stessa cosa noi quando siamo testimoni di questa congruenza. La congruenza nella comunicazione è la chiave per la fiducia e l'armonia.

La congruenza può anche essere una lettura solo visiva. Ad esempio, i segnali del corpo corrispondono all'espressione sul viso? Il corpo potrebbe essere in una posizione aggressiva e l'espressione facciale calma.

In tal caso potresti aver perso una micro espressione di aggressività che è stata successivamente coperta dall'espressione del viso deliberatamente mantenuta, forse per attirarti sotto un falso pretesto.

Ogni volta che comunichiamo cerchiamo la congruenza per rafforzare la parola.

Incongruenza

L'opposto della congruenza.

La discrepanza di ciò che viene proiettato dal nostro corpo segnala sia come stiamo dicendo qualcosa sia ciò che viene effettivamente detto. L'incongruenza è disagio.

Ho brevemente menzionato il mascheramento nel capitolo precedente; mascherare è l'atto di nascondere letteralmente i nostri veri sentimenti. Usiamo deliberatamente la postura e le espressioni facciali per rappresentare uno stato emotivo falso.

Una cosa che riguarda il mascheramento è che spesso causa incongruenza, perché è in conflitto con il genuino sentimento del soggetto. Alcune persone sono brave a mascherare, per esempio i nostri politici menzionati in precedenza.

C'è qualcosa di molto importante da ricordare sul mascheramento dell'espressione facciale.

Che il mascheramento si verifica dopo una microespressione e non prima. Quindi il vero stato emotivo sarà visibile per una frazione di secondo prima del mascheramento.

Un soggetto che è arrabbiato ma non vuole farlo capire mostrerà un piccolo segno di questa rabbia prima di mascherarla con un sorriso disarmante.

La mente

Il modo in cui ci comportiamo è governato dalla nostra mente o forse dovrei dire le menti.

Da una parte ci sono le cose che abbiamo scelto di fare in un dato momento. Questo comportamento è controllato dalla mente cosciente.

Concentrata e determinata applica tutto il suo potere di pensiero al raggiungimento del suo obiettivo. La mente cosciente può contenere solo un pensiero alla volta.

Poi ci sono cose che facciamo abitualmente. Queste abitudini sono controllate dall'inconscio. Una volta che abbiamo svolto un compito abbastanza spesso coscientemente e ci siamo abituati. È assegnato all'inconscio come un'abitudine acquisita, quindi lo facciamo automaticamente. Le abitudini possono essere buone o cattive.

Quindi impariamo a guidare un'auto facendo uno sforzo cosciente nei primi giorni e dopo che un certo tempo è trascorso, l'esperienza acquisita dall'inconscio prende il sopravvento sulle parti banali del compito. Se hai mai cambiato la tua auto potresti aver visto come le tue abitudini inconsce ti siano andate contro.

Quando inizi a guidare la tua nuova auto sei cosi abituato a mettere la freccia da un lato del cruscotto che continuerai a farlo per un po', anche se è dall'altro lato del cruscotto nella tua nuova auto.

In effetti a volte c'è un leggero panico quando proviamo a mettere la freccia e l'interruttore non è lì, o se invece si accendono i tergicristalli!

A quel punto dobbiamo concentrarci per un secondo, mentre capiamo perché l'inconscio si è allarmato.

Le cattive abitudini si formano esattamente allo stesso modo. Chiedi a qualsiasi fumatore.

Inizialmente, a causa del condizionamento di gruppo o per qualche altro motivo, è stato necessario fare uno sforzo cosciente per accendere e sopportare il gusto disgustoso in bocca, e le sensazioni di nausea o vertigini.

Una volta che il compito è stato eseguito abbastanza volte diventa automatico e peggio ancora legato ad altre attività. Quindi come vedi l'inconscio lavora tutto il tempo, ma non necessariamente sta sempre lavorando nel nostro migliore interesse.

Infine ci sono le cose che facciamo istintivamente, le cose su cui non abbiamo alcun controllo. Questa mente istintiva è la parte che controlla le nostre comunicazioni non verbali.

Si prende cura delle cose essenziali, come respirare, delle cose che ci tengono in vita in quanto animali. Uno dei modi in cui ci ha sempre mantenuti vivi e vegeti, è proteggendoci dalle minacce. Fa delle cose istintivamente.

Molto tempo fa, per i nostri antenati le minacce erano molto gravi e molto reali, predatori ovunque. Questa parte ancestrale o limbica del nostro cervello è costruita di meccanismi di auto difesa per far fronte alla sopravvivenza.

Questa parte del cervello riguarda solo due valori assoluti, la paura e il piacere. Pensa il bianco e nero.

Ogni volta che proviamo paura o piacere il cervello limbico o ancestrale reagisce istantaneamente attraverso segnali non verbali, i non verbali non mentono, semplicemente non hanno il tempo di farlo. Sono immediati e 'istintivi'.

Per capirli un po'meglio dobbiamo capire i fondamenti tramandati dai nostri antenati.

Probabilmente hai sentito l'espressione lotta o fuggi, beh questa è solo metà della storia, questa è l'ultima risorsa ma ci sono altre cose che accadono prima di arrivare ad essa.

Quello che succede veramente è che c'è una situazione spaventosa o preoccupante, quando questosuccede, tendiamo a congelarci, poi ci prepariamo, scappiamo o fuggiamo, e finalmente c'è la svolta e il combattimento. Questo è trattato in dettaglio di seguito.

Meccanismo di sopravvivenza inconscio

PAURA
CONGELAMENTO
FUGA
COMBATTIMENTO

Primo.

C'è la paura in termini ancestrali di individuare un predatore nel sottobosco, nei tempi moderni potrebbe essere tutto ciò che provoca uno shock. Un forte rumore o un movimento improvviso possono causare questo spavento.

Secondo.

È il congelamento, questo è l'istinto di tentare di rendersi invisibili. La maggior parte dei predatori è attratta dal movimento. Se rimaniamo "perfettamente immobili" come è stato consigliato a Jeff Goldblum in Jurassic Park, il predatore non ci vedrà. Restiamo fermi, congelati finché il pericolo non è passato.

Terzo.

La modalità di fuga. Quando il pericolo è vicino e abbastanza immediato, fuggiamo letteralmente nel tentativo di mettere la distanza tra noi e la minaccia.

Quarto.

Quando tutte le altre opzioni sono esaurite, rivolgiamo la faccia al nostro attaccante e combattiamo. O almeno ci prepariamo.

Al giorno d'oggi non ci dobbiamo più preoccupare delle bestie selvagge poiché la minaccia è stata placata dalla società moderna, così come il nostro bisogno di usare i meccanismi del terrore, del congelamento, della fuga e del combattimento.

Invece che paura e piacere, è più probabile che incontriamo conforto o disagio ogni giorno.

Le reazioni sono praticamente le stesse eccetto questo input iniziale potrebbe essere qualsiasi cosa che ci mette a disagio.

Quindi lo spavento iniziale si modifica in qualcosa che ci fa sentire a disagio. Gli stimoli possono essere sia interni che esterni. Potremmo avere un pensiero, potremmo vedere o sentire qualcosa che provoca questa reazione istintiva.

Durante queste versioni placate del congelamento, potremmo averne una completa o più probabilmente una versione modificata, come uncongelamentoparziale, e invece di dover aspettare che il pericolo passi, come con il nostro predatore, possiamo solo fare un micro congelamento.

Questo potrebbe anche essere sotto forma di un'espressione facciale come una bocca rimasta aperta. Il congelamentoci dà il tempo di recuperare e valutare, se le cose vanno bene, proseguiamo.

La fase successiva del processo si è a sua volta modificata da fuga completa dal predatore, a preparazione per la fuga stessa; possiamo mostrare questa intenzione di fuga in tanti modi. Il distanziamento è molto comune, stare lontano o anche solo distaccarsi, è un tentativo di prendere le distanze dalla "minaccia". Lo stesso vale per il modo in cui guardiamo i nostri piedi e, a volte, imitiamo la camminata muovendo i piedi o muovendo le gambe.

Finalmente il combattimento. Ancora lui a sua volta attenuato per diventare un comportamento socialmente accettabile. Notate che quando qualcuno è diventato molto turbato dall'input che hanno ricevuto, rimarranno fermi, dandosi delle arie, come un grande vecchio gorilla.

Spesso possono scalciare con i piedi in un'azione simbolicamente aggressiva.

Quando siamo rilassati e il contenuto o gli input sono piacevoli, tutto il nostro linguaggio del corpo e le espressioni sono rilassati.

Quindi possiamo vedere che l'equivalente moderno di Paura o Felicità, è in realtà agio o disagio. E una volta che sai cosa cercare diventerai un esperto nell'interpretare lo stato emotivo di tutti quelli con cui interagisci.

E' interessantevedere come gli stimoli e le nostre reazioni non sono necessariamente visualizzatianalogamente in un contesto sensoriale.

Ad esempio, potremmo coprire le nostre orecchie per non sentire qualcosa di sgradevole, ma è altrettanto probabile che chiuderemo anche gli occhi per protezione ed evitare di ricevere cattive notizie.

Hai mai visto qualcuno chiudere gli occhi e proclamare "non dirmelo non lo voglio sapere", anche alzare le mani come barriera alle notizie. Questo può essere collegato al modo in cui la persona elabora le informazioni, come discusso di seguito.

Linguaggio interno

Un altro modo per aiutare a costruire rapporti e comunicare in modo efficace è quello di poter parlare la stessa lingua del soggetto. Con questo non intendo lo stesso dialetto. Ma parlargli in un modo che capiscano.

Se hai letto uno dei miei altri libri, saprai dei segnali di accesso visivo e della teoria del cervello destro sinistro. Per coloro che non li conoscono sono descritti di seguito. Gli occhi ci mostrano come una persona elabora le informazioni, questi segnali sono molto accurati.

Il lato destro del cervello è il lato creativo, e il lato sinistro è il lato logico in cui vengono conservati anche i ricordi.

Se chiediamo ad una persona una domanda e guardano verso destra, stanno cercando di immaginare qualcosa. Se guardano alla loro sinistra, allora stanno ricordando.

Oltre a questo spunto a sinistra dobbiamo sapere che la gente pensa in tre modi diversi.

VisivamenteUditivamenteCinestesicament e

I pensatori visivi tendono a guardare in alto quando meditano. I tipi uditivi mantengono gli occhi allo stesso livello, e quelli che guardano in basso pensano in base ai sentimenti ed emozioni.

Quindi, se dovessi parlare con un tipo di persona visiva, potrebbe usare termini come "oh sì, posso vedere quello che stai dicendo", ovviamente non può realmente vedere quello che stai dicendo, ma è come la pensa.

Una persona uditiva potrebbe dire cose come "Ho sentito cosa intendi".

Alla fine, il tipo cinetico, queste persone sono pensatori tattili ed emotivi che usano termini come "Mi piacerebbe saper gestire la situazione".

Quando si ha a che fare con i vari tipi, usa la lingua che meglio si adatta a loro, e andrà molto meglio.

Mettere insieme i segnali degli sguardi funziona così, attraverso la direzione indicata dal punto di vista del soggetto.

Alzare gli occhi e guardare a destra

Questo indica che il soggetto sta cercando di immaginare qualcosa nella sua mente.

Alzare gli occhi e guardare a sinistra

Di nuovo l'accesso alla mente ma questa volta per richiamare i ricordi.

Sguardo a destra

Significa che stanno cercando di evocare suoni nelle loro menti.

Sguardo a sinistra

Stanno richiamando o cercando di richiamare suoni.

Giù a destra

È un tentativo di immaginare un'emozione o una sensazione fisica.

Giù a sinistra
Il ricordo di un'emozione o uno stato fisico.

Questi segnali d'accesso degli occhi sono per le persone destrorse, tuttavia le persone mancine non usano questa segnali esclusivamente al contrario. Anche alcuni mancini guardano a destra per immaginare e a sinistra per ricordare.

Zona Sicura
Il nostro spazio personale è molto importante per noi. La prossimità degli altri e il rapporto che abbiamo con loro influiscono sulle nostre reazioni.

Ad esempio se il tuo coniuge si trova a pochi centimetri da te, questo è del tutto naturale e non ci sarebbero problemi, il tuo linguaggio del corpo rimarrebbe rilassato o neutrale.

Se tuttavia un totale sconosciuto dovesse stare così vicino, le reazioni sarebbero molto diverse.

Nel campo della psicologia è generalmente accettato che ci siano quattro spazi in cui interagiamo con gli altri. Questi spazi sono noti come zone di comunicazione.

1 / Lo spazio pubblico
2 / Spazio sociale
3 / Spazio personale
4 / Spazio intimo
Pubblico

Questo spazio è distante più di dodici piedi (3,6 metri) da noi. A questa distanza non interagiamo realmente con nessuno a livello personale. Se vedessimo qualcuno con cui vogliamo parlare, dovremmo attirare la loro attenzione e avvicinarci a loro. Viceversa, potremmo facilmente evitarli completamente.

Dal punto di vista della sopravvivenza e della nostra risposta istintiva, se il pericolo si presentasse a questa distanza, quasi certamente resteremmo congelati mentre misuriamo il livello di minaccia, o finché il pericolo non sia passato del tutto.

Spazio sociale

Da dodici piedi giù fino a quattro (da 3,6 metri a 1,2 metri). Questa è l'area in cui le normali attività sociali si svolgono, durante una cena o un gruppo di amici che si divertono in un pub. Comunicare può essere qualsiasi cosa, da scambi cordiali a conversazioni amichevoli.

Guardando questo dal punto di vista della sopravvivenza.

Se il pericolo si presentasse in questa zona, ci congeleremmo e probabilmente prenderemo in considerazione le nostre due opzioni di fuga o di combattimento.

Spazio personale

Questo è da circa quattro piedi fino a diciotto pollici (1,2 metri a 45 centimetri), lontano da noi.

Questa area è riservata agli amici e ad altri individui fidati, in questa area interagiremo e potremmo avere qualche forma di contatto fisico come ad esempio una pacca sulla spalla.

Un'eccezione a questo sarebbe durante un'introduzione quando per esempio una stretta di mano è appropriata. L'ambiente generale deve essere considerato sicuro o la stretta di mano non potrebbe aver luogo.

Sopravvivenza: se un pericolo si presentasse in questa area spaziale personale, la fuga ci sarebbe sicuramente ma scappare sarebbe un atto futile. Il nostro cervello limbico semplicemente non consentirebbe alcuna altra risposta. Se i nostri antenati si fossero imbattuti in un predatore a questa distanza avrebbero, se avesseroavuto il tempo, corsosenza ombra di dubbio nella direzione opposta. Naturalmente, a causa del congelamento iniziale, questa distanza poteva significare comunque un disastro.

Spazio intimo

Questa area è riservata ai coniugi, alla famiglia e agli amici intimi. A questa distanza di meno di diciotto pollici, le interazioni sono, come il titolo implica, intime. Qui è per abbracciare, baci e cose simili.

La sopravvivenza in questa particolare area è l'ultima opzione. Pensa al nostro antenato immaginario che attraversa il pericolo a questa distanza, non avrebbealtra scelta che combattere perché è già stato messo alle strette.

È interessante notare che ci sono delle eccezioni anche a questo. Questa eccezione è la 'folla'.

Se siamo su un treno affollato, in ascensore o in un teatro.

Siamo forzati l'uno nello spazio intimo dell'altro. Qui le sottigliezze sociali hanno la precedenza.

In queste circostanze ci scambiamo gesti gentili e suoni aperti l'un l'altro, accettiamo temporaneamente che l'invasione di questo spazio è necessaria per il risultato finale e che è solo temporanea.

Lo scopo di questa cortesia è mostrare che non saremo una minaccia o che disarmeremo l'altra persona o persone.

Uno dei luoghi in cui è divertente osservare l'intima "invasione spaziale" è quando siamo in coda. Qui gli individui sono consapevoli di non voler invadere e allo stesso tempo non vogliono essere visti come troppo indietro e non in fila.

Le espressioni facciali, quando siamo in coda, in sé costituirebbero uno studio molto divertente. La prossima volta che vedrai una coda osserva l'espressione preoccupata della gente e il loro modo di osservare gli altri.

Vale la pena ricordare questa relazione tra le zone sicure e la paura di combattere le reazioni. Come puoi vedere, la vicinanza influenzerà molto le reazioni e il livello di tali reazioni.

Un altro punto che deve essere preso in considerazione è che non solo la vicinanza causa una reazione maggiore, ma anche che il nostro comportamento può influenzare la reazione di coloro che stiamo cercando di interpretare.

Se siamo un po' troppo intenti nella nostra osservazione, il soggetto percepirà questo e i loro segnali non verbali cambieranno come parte dei loro meccanismi di difesa.

Scaturirà anche l'incongruenza, specialmente se si sentono a disagio.

Sii sempre il più neutrale possibile.

Una delle cose che i genitori imparano a fare è essere neutrali ed obiettivi con i loro figli. Se non lo fossero, non saprebbero mai la verità.

L'interrogatorio aggressivo o l'osservazione provocheranno disagio in ogni caso e spingeranno il soggetto a non cooperare, consciamente o inconsciamente.

Racconto

Questa è la parola usata nei circoli non verbali per descrivere la reazione che viene interpretata dall'osservatore. Cosa ci sta dicendo quella persona con il suo linguaggio del corpo o altre comunicazioni non verbali?

Li chiamiamo anche interpretazioni, è la stessa cosa ma al contrario, invece di essere detti qual è il messaggio, lo stiamo interpretando. Quindi in tutto il libro quando mi riferisco a racconto e interpretazione sono effettivamente la stessa cosa ma da una prospettiva diversa.

Interpretazione

Innanzitutto c'è uno stimolo o un input. Questo può venire sotto forma di una domanda, una dichiarazione, una vista, un suono davvero qualunque cosa.

Poi c'è la reazione da parte del soggetto. La reazione è dove diventa interessante perché arrivano in così tante forme e tutte hanno significati diversi, come vedremo in questo libro. Questa reazione iniziale sarà sotto forma di micro espressione o micro movimento. O una reazione intenzionale o un segnale.

In terzo luogo, una delle due cose accadrà, o la micro espressione continua in una piena espressione,in un movimento ouna postura, o il conscio prende il sopravvento e copre la micro (vera) espressione con una che il soggetto desidera proiettare. Il mascheramento.

L'ultima cosa che si verifica, soprattutto se lo stimolo è visto come sgradevole, sarà una reazione di conforto.

E siamo di nuovo nei regni dell'istinto. Anche le reazioni di conforto accadono in tempo reale, inconsciamente e spesso, come con le micro espressioni, possono sparire in un secondo. Se il conscio diventa consapevole del movimento, lo maschera.

A volte succede un'altra cosa. Se la persona se l'è cavata o pensa di essersela cavata, magari usciranno la lingua. Letteralmente sarà una micro lingua di fuori, ma sarà lì.

Pratica

C'è un solo modo per perfezionare queste abilità e diventare un esperto lettore di linguaggio del corpo, questo è fare pratica. Inizia a fare pratica non appena hai letto il libro. Studia la gente per strada, nei bar, assolutamente ovunque. Guarda prima le cose molto evidenti. Cose che sono facili da vedere.

Guardare coppie di persone che parlano e vedere i loro livelli di comfort attraverso i loro corpi non è molto difficile perché puoi vedere il quadro completo. Non passare direttamente dal libro ad interrogare la tua famiglia e amici.

Un altro ottimo modo per esercitarsi è guardare uno dei cosiddetti programmi di coppia in TV. Il tipo in cui fanno i test di paternità, la macchina della verità per catturare i coniugi ecc.

Guardalo senza volume e prendi appunti su cosa pensi che provino le persone sul palco. Quindi osservalo con il volume alto e potresti rimanere sorpreso di come tu abbia interpretato correttamente le emozioni generali visualizzate.

Chiedi agli amici di aiutarti. Invitali a rispondere a una mezza dozzina di domande per te. Di' loro di rispondere correttamente cinque volte e di mentire una volta. Assicurati che non sia qualcosa di cui già sai la risposta. Fallo ripetutamente e alla fine inizierai a vedere dei piccoli segnali.

Se stai tentando di determinare le micro espressioni ad una a una, è come necessario scattare un'istantanea mentre fornisci gli stimoli, e fare riferimento a ciò che hai visto. Il problema è che l'espressione dura un tempo così breve che viene risucchiata nell'interpretazione di un periodo di tempo più lungo. Quindi scatta l'istantanea alla reazione e distogli anche lo sguardo se è necessario.

Inoltre, se vuoi vedere quanto sono reali, guardati semplicemente in uno specchio lungo e imita le pose e le espressioni descritte nel libro e vedrai che sono una guida accurata.

Tieni presente quanto sopra quando fai le interpretazioni. Devi sapere che tipo di persona è solitamente il soggetto in condizioni normali.

Base Di Riferimento

Sebbene ci siano molti segnali universali che sono facilmente interpretabili guardando le persone interagire socialmente, ogni volta che l'interpretazione su un individuo è non verbale, è essenziale stabilire una base di riferimento, vale a dire stabilire il comportamento generale dell'individuo e come si comporta in normali condizioni neutrali.

Ad esempio, probabilmente hai già sentito prima che quando incontri qualcuno con le braccia incrociate di fronte a loro, questo significa automaticamente che sono chiusi, introversi o addirittura arrabbiati, in alcune circostanze questo può essere vero, ma ci sono anche alcuni persone là fuori per le quali questa è una postura normale e confortevole.

Questo ci porta alla necessità di avere un punto di partenza riguardo come un individuo si comporta in condizioni "normali".

Abbiamo bisogno di identificare le loro piccole idiosincrasie e, per questo, ci sono stranezze più ovvie. Molte persone hanno contrazioni e movimenti che fanno abitualmente e senza identificarli si potrebbe essere ingannati, specialmente se queste idiosincrasie potrebbero facilmente rientrare in una delle categorie di indicatori universali di cui discuteremo più avanti.

Abbiamo bisogno di determinare i tipi di personalità, alcuni sono tipi nervosi e possono emettere messaggi non verbali se qualcosa non va, altri possono essere così rilassati che cadono quasi all'indietro.

Il trucco è cercare tutte queste cose e una volta che hai una base di riferimento del comportamento, cerca il cambiamento durante gli stimoli non verbali e individuali, una cosa sola non è sempre affidabile, è meglio avere più indicatori per essere sicuro di stare interpretando i segnali inviati correttamente.

È necessario vedere le reazioni normali (dell'individuo) ai normali input per stabilire una base di riferimento affidabile.

Ad esempio individuare le braccia incrociate menzionate sopra come una comoda posizione neutrale per alcune persone. Che cosa potrebbe dire, se la persona dispiega le sue braccia in reazione a ciò che è stato detto loro o qualcosa che hanno visto ecc.

Reazioni Di Conforto

Un'altra cosa da ricordare sono i calmanti o i conforti. Questi stimolano le terminazioni nervosee creano comfort.

Quando una reazione di conforto avviene subito dopo qualcosa è unsicuro segno di disagio. Le reazioni di conforto arrivano in tutte le forme e dimensioni.

Come ho detto è il processo di stimolazione delle terminazioni nervose, questo invia un messaggio al cervello che dice "andràtutto bene ", quindi sfregare quasi ogni parte del corpo, mano con mano, la manosulla spalla, o sulla gamba è un segno che una persona si sta confortando. La domanda è, naturalmente, perché?

Uno dei conforti universali, quando dico universale, intendo che praticamente ogni persona sana del pianeta lo fa, è il gonfiore delle guance e il soffio d'aria tra le labbra contratte dopo che la si è cavata per un belo, o un evento emotivamente forte. È l'effetto "ansioso".

Un altro conforto universale è l'auto abbraccio, questa è una replica dei sentimenti sicuri che ci hanno dato i nostri genitori, abbracci rassicuranti, abbracci gioiosi e abbracci solo per mostrare amore e affetto generali. Ci abbracciamo e tocchiamo per sentirci al sicuro.

Per dimostrare che il linguaggio del corpo è un comportamento naturale e istintivo possiamo rivolgerci al regno animale, perché gli animali non hanno astuzia. Quando si tratta di essere in pericolo, fanno davvero affidamento e reagiscono ai loro "istinti animali".

Ogni animale che non è un predatore naturale quando viene spaventato per prima cosa congelerà e valuterà il pericolo come un cervo con i fari di un'auto.

Quindi si girerà e correrà per guadagnare più distanza possibile.

Se alla fine viene messo alle strette, si girerà e combatterà.

Per quanto riguarda il comfort, guarda i tuoi animali domestici adulti. Si leccano, certo questo è parte della routine di pulizia e pulizia, ma anche questo è un processo per sentirsi al sicuro.

Stanno infatti replicando le madri che li leccavano quando erano piccoli e questo li fa sentire al sicuro. Guardateli in particolare quando non stanno bene, a prescindere dalla causa del loro stato, si leccheranno costantemente.

Cambiamenti universali.

Nei miei altri libri sull'ipnosi leggerete che un cambiamento dello stato emotivo cambia il corpo fisico e viceversa. Quindi ciò che accade nella testa e nel cuore influisce sul corpo.

Abbiamo esaminato i comportamenti universali, ora è tempo di guardare i cambiamenti universali di comportamento che significano non solo se lo stato emotivo del soggetto è cambiato in modo positivo o negativo, ma anche in che misura si sono verificati i cambiamenti emotivi.

Quindi quando vedi il soggetto passare da uno degli stati seguenti a un altro, sai che c'è stato un cambiamento.

Su è buono

Fiducioso, soddisfatto o a proprio agio. Più siamo in alto più siamo felici, meglio ci sentiamo indipendentemente dalla situazione individuale. Questo riguarda le mani, i piedi, le braccia, le spalle e persino tutto il nostro corpo.

I gesti di levitazione di qualsiasi tipo sono il via libero psicologico, come i pollici in su sono un segno positivo.

Giù è cattivo

Mancanza di fiducia, bassa autostima, paura, disagio. Più infelici siamo più giù andiamo. Di nuovo vedrai che peggio ci sentiamo, più ci restringiamo e tentiamo di ridurre al minimo il nostro impatto fisico.

Larghezza

È la fiducia, l'arroganza, il disprezzo, più il maschio è alfa più si allarga. Non solo il nostro corpo in questo caso. Prendere spazio può essere fatto usando oggetti come documenti ecc. durante una riunione di lavoro.

Grandi movimenti

Sono movimenti fiduciosi quando una persona è sicura e mentre parla usa le proprie mani e a volte tutto il corpo per enfatizzare.

Piccoli movimenti

Mostra poca sicurezza in se stesso. Quando qualcuno non è fiducioso, il loro movimento è generalmente piccolo, a volte anche robotico.

È stato detto che i bugiardi non usano grandi movimenti espressivi. Questo può o non può essere vero. Ricorda il mantra di cui sopra.

Stabilisci la tua base di riferimento, quindi cerca il cambiamento quando vengono ricevuti gli stimoli. Se c'è un cambiamento marcato, gli stimoli influenzano lo stato emotivo della persona.

Guarda le persone a una partita di calcio quando la loro squadra è indietro e si sta facendo tardi nel gioco. Migliaia di persone sbuffano, si sfregano le gambe, si torcono le mani, hanno un'espressione contorta come se stessero provando dolore fisico.

Poi la loro squadra segna ed evita la sconfitta. Saltano, buttano le braccia in su, battono i piedi e fanno il tifo. Non stanno copiano l'un l'altro, questi sono segnali di comunicazione non verbali universali, trasmessi dai nostri antenati. Questa è roba tribale e ne siamo tutti inclini.

Pavoneggiarsi

Prima di andare avanti, vorrei menzionare il pavoneggiarsi o darsi delle arie. Questo è l'atto di agghindarci nel tentativo di mostrarci sotto una buona luce. Assicurandoci di apparire al meglio e il più attraente possibile al sesso opposto.

Parte Superiore

Toccare la testa

Toccare la testa e dei capelli è un comportamento molto significativo, e i messaggi dipendono dal tipo di contatto che viene eseguito.

Conforto

Uno scontato per uomini e donne è passarsi le dita tra i capelli. Questa è una forma palese di toelettatura. Viene spesso fatta di fronte a qualcuno a cui siamo attratti.

Sta dicendo non solo dovresti notarmi, ma io sono pulito, mi prendo cura di me e sono sano, scegli me!

Anche le donne si sfiorano i capelli ruotando rapidamente la testa dal mento verso l'alto e all'indietro, questo comportamento è apertamente flirt. Dice guardami!

Sconforto

Passare le dita e le mani tra i capelli con movimenti lenti e deliberati, viene fatto anche nei momenti di forte stress.

Andiamo persino a toccare la testa quando siamo molto a disagio. Entrambe le mani salgono ai lati della nostra testa e le nostre dita si allargano il più possibile. È quasi come se stessimo formando un casco da motociclista attorno ad essa per proteggerla da informazioni spiacevoli.

Alcune persone giocano con i loro capelli; questo può essere dovuto ad abitudine ma è anche identificabile come consolatore.

Quando vedi qualcuno con entrambe le mani in cima alla testa con la testa inclinata in avanti, questo è un consolatore. Può essere una mossa veloce, come per la nostra infame partita di calcio quando la sua squadra ha sbagliato un colpo. Può anche essere prolungato.

Se è prolungato può spesso essere la posizione del rimpianto. Questa posizione può essere mantenuta per un po' di tempo mentre la persona riflette internamente su qualche contrattempo. Spesso la persona si dice "perché io" o "se solo avessi ..."

Quando si sfregano i capelli e la testa in colpi ripetuti e fermi all'indietro, questo è un consolatore definitivo. Accendi le terminazioni nervose importanti in entrambi i palmi e la testa. Questo gesto è più comune negli uomini che nelle donne. Probabilmente deriva dal legame uomo ad uomo, quando un padre riconosce un'azione o scherza con i figli, spesso gli strofina la testa come uno gesto di affetto piuttosto che abbracciarli.

Il grattarsi della testa a volte può indicare conflitto o confusione. Spesso sentiamo parlare di un problema difficile come "un vero grattacapo". Accompagnato da espressioni facciali di pensiero o confusione.

I soggetti giocano spesso con i loro capelli come aiuto al pensiero. Letteralmente toccando il punto sul corpo che sta facendo il lavoro quasi come per provare a tirare delicatamente fuori i pensieri.

Annuire

Annuire nelle culture occidentali è un segno universale di accordo.

Più veloce è il cenno del capo, più sono d'accordo.

Un no molto lento può significare un rispetto reciproco ma non necessariamente un pieno accordo.

Annuire verso il basso, se fatto in segno di rispetto, allora la parte superiore del busto tenderà a piegarsi allo stesso tempo. Puoi vedere questo movimento in presenza di capi di stato e simili. A seconda dell'importanza della persona e dei protocolli, questo cenno della testa può trasformarsi in un arco completo del busto.

Annuire verso il bassobrevemente in riconoscimento, è ciò che vedi tra uomini d'affari in cui lo spazio tra loro non consente l'interazione a una distanza spaziale personale.

Annuire verso l'alto in segno di conferma simile a quanto sopra. Ovviamente la testa si sposta verso l'alto anziché verso il basso ed è riservata a conoscenti e amici meno formali.

Annuire in approvazione o incoraggiamento. Può essere a qualsiasi velocità a seconda delle circostanze. Anche l'espressione facciale deve essere interpretata.

Scuotere la testa

Scuotere la testa è l'opposto di annuire e naturalmente indica una risposta negativa. Più veloce è il micro movimento, più in disaccordo è il soggetto.

Scuotere lentamente può significare che c'è una sensazione di sdegno

Il lapsus Freudiano
È quando una persona sta dicendo una cosa e il cervello istintivo sta rispondendo nell'esatto opposto. Un buon esempio è se stai facendo una dichiarazione a qualcuno

e loro stanno negando qualsiasi cosa tu dica, ma tutto il tempo che la testa sta andando su e giù inconsciamente puoi essere quasi certo che la testa sta dicendo la verità.

Il contrario è quando facciamo il lapsus senza muovere tanto la testa. Qualcuno ti sta dicendo qualcosa che ritieni non vero o comunque non sei d'accordo. Concordando educatamente la tua testa si muove in modo quasi impercettibile a sinistra ea destra, a significare che stai semplicemente aspettando che finiscano prima di dire loro "neanche per sogno". Questo può essere considerato scortese dal lettore poiché è ovvio che non vi è alcuna intenzione di accordo. Li hai già zittiti e non li stai più ascoltando.

Una cosa da ricordare è che se stai cercando di rilevare un aspetto non veritiero per più manifestazioni e per i consolatori, alcune persone semplicemente annuiscono con la testa quando vengono indirizzate per confermare che stanno assimilando le informazioni.

In alcune culture orientali la testa e il cenno sono invertiti. Scuotere la testa in enfasi e accordo.

Testa in su

Generalmente è un segnale di fiducia? Questa fiducia può spesso fare un ulteriore passo avanti.

Se la testa è tenuta troppo in alto in modo che il soggetto ti guardi dal basso verso l'alto, allora sta mostrando superiorità.

Quando la testa è sollevata così in alto e gli occhi si rilassano leggermente, è un chiaro spettacolo di arroganza.

Sebbene l'inclinazione della testa sia trattata in modo più dettagliato nella sezione del collo, è interessante sapere che le donne inclinano la testa in segno di interesse o flirt.

Testa in giù

Questo è un classico segnale di scarsa fiducia, è un ottimo esempio di "giù è cattivo".

La testa verso il basso è un segno di disagio universale spesso visto nella sconfitta insieme con il toccare del collo in senso di conforto.

Se la testa è abbassata e gli occhi guardano verso l'alto ad un'altra persona o gli oggetti, fate attenzione, questo potrebbe essere un'espressione di disprezzo o persino di odio.

Una testa pendente con un'espressione fiacca è una dimostrazione evidente di noia. È considerato molto maleducato permettere a questa espressione di manifestarsi apertamente in ambienti sociali o professionali.

Colpo di testa

Un leggero movimento della testa in un colpo quasi impercettibile è un segno che il soggetto non crede che stia ascoltando la verità. Il sistema istintivo sta tentando di respingere l'informazione e il donatore di esso. È il movimento della testa equivalente a scacciarevia con la mano.

Fare attenzione a non interpretarlo erroneamente come un piccolo cenno della testa che scende leggermente.

Viso

Il viso può mentire e molto spesso lo fa, ci viene insegnato fin dalla tenera età ad ingannare. Una delle ragioni è per non ferire i sentimenti degli altri, anche se credo che "la verità ti renderà libero".

Quando diciamo queste bugie bianche e siamo incoraggiati dagli adulti a farlo, diventiamo rapidamente molto bravi. Quindi impariamo a dire una non verità ea mantenere un insieme di espressioni dall'aspetto perfettamente normale, possiamo persino spingerci fino a fingere espressioni, proprio come quando già siamo a conoscenza di un evento e abbiamo un sguardo sorpreso sul volto quando ci viene detto.

Anche questa "falsa faccia" però è una maschera. E il mascheramento non appare in tempo reale.

Ricorda che la micro espressione è l'indicatore delle emozioni vere e questenon sono censurate. Accadono anche loro in tempo reale man mano che gli stimoli vengono ricevuti.

È quindi di fondamentale importanza imparare il più possibile sulle espressioni facciali, quindi esercitare l'arte di identificarle quando appaiono nelle micro-espressioni.

D'altra parte quando usiamo espressioni false a volte tendiamo a tenere "l'apparenza" troppo a lungo nel tentativo di far forzaalla comunicazione non verbale. Un altro effetto collaterale comune è esagerare eccessivamente l'espressione. Quindi fai attenzione a tutto.

Anche se devi guardare tutto, stai molto attento.

La convenzione sociale deve essere osservata durante la lettura del linguaggio del corpo e in particolare del viso.

Mantenere lo sguardo sui soggetti per quanto è socialmente accettabile. Se guardi più a lungo di quanto sarebbe normale, il soggetto si sentirà a disagio, una volta che si sentiranno a disagio il loro comportamento cambierà e il processo di lettura sarà impossibile a causa di segnali evidenti. È soprattutto vero se si sono offesi.

L'aspetto neutrale per la maggior parte è un'espressione facciale generalmente rilassata. Il colore della pelle varierà notevolmente con i cambiamenti dell'ambiente e dell'umore.

La pelle che mostra un colore sano in condizioni di calore medio, può apparire arrossata quando fa caldo e più pallida del solito quando fa freddo.

L'umore influisce anche sul colore del viso, l'arrossamento del viso può indicare qualsiasi cosa, dalla rabbia, all'imbarazzo, la pelle pallida di solito è associata al disagio, il sangue si drena quando siamo scioccati.

Come ho già detto e continuerò a farlo, è necessario osservare più interpretazioni. Qualsiasi contorsione del viso è fuori dalla norma in generale. La contorsione può indicare qualsiasi cosa, dal dolore fisico al disagio mentale o emotivo. Naturalmente c'è anche il fatto che la nostra faccia si contorce per sorridere e ridere. Mettere le mani sul viso è una delle attività più comuni che facciamo noi umani, ci tocchiamo il viso più di cento volte al giorno. Sebbene lo facciamo per una moltitudine di motivi, lo scopo generale è quello di rassicurare. Un tocco gentile quando si va per negozi, o per riposare il viso tra le mani dopo una giornata faticosa nei negozi. Il contatto diretto può significare tutto o niente. Ci sono 44 muscoli del viso che permettono una variazione quasi infinita delle espressioni a seconda di come sono flessi.

Fronte

La fronte è molto visibile in ogni momento ed è spesso ignorata, il che è un errore poiché è un buon indicatore generale dell'umore. I cambiamenti nella pelle della fronte di solito accompagnano i cambiamenti di espressione.

Lo sfregamento sulla fronte è associato al pensiero come se potessimo massaggiare fisicamente l'informazione.

Spingere le dita o il palmo della mano sulla fronte è un segno che la persona potrebbe o sta ricordando qualcosa che di solito è accompagnato da affermazioni come "è sulla punta della lingua" o "dammi un momento". In questo caso la testa di solito rimane a livello anche se inclinare la testa su o giù non è raro.

Spingere le dita contro la fronte può anche indicare un "oh no" aspetta momento, quindi, a differenza di quando si tenta di richiamare informazioni, la testa di solito cade in avanti nelle dita o nella mano e può persino scuotere da un lato a volte in modo quasi impercettibile, un segno di disagio interno. Ovviamente questo è il segnale di no universale o in questo caso più probabilmente il segnale "OH NO".

Lo stesso vale anche per posizionare le dita sulle tempie. Può essere un tentativo fisico di aiutare gli ingranaggi della memoria a ricordare o il momento "oh no". Di nuovo, guarda per vedere se la testa si mantiene stabile o si rivolta verso l'alto, o va avanti e verso il basso. Ricordati su è buono, giù è cattivo.

Inoltre alcune persone tendono a mettere le dita sulle loro tempie se si sentono sopraffatti. Sebbene la posa sia esattamente la stessa che provare a ricordare, può anche essere il tentativo di rallentare la velocità degli stimoli.

Prendi in considerazione il fatto che qualcuno possa semplicemente avere un mal di testa e si massaggia le sue tempie. Basta ricordare che un mal di testa è sgradevole, che semplicemente aiuta a dimostrare che sfregare la fronte è un conforto.

La fronte corrugata è quando spingiamo leggermente le sopracciglia verso il basso creando un aspetto severo, le linee verticali sulla nostra fronte diventano più pronunciate.

La sorpresa, lo shock o il solco della paura sono orizzontali piuttosto che verticali.

Sopracciglia

Dal punto di vista non verbale le sopracciglia collegano la fronte agli occhi. Quindi si muoveranno in accordo con uno, o entrambi.

Un altro punto è che sono molto inclini ai micro movimenti, poiché diventiamo consapevoli del loro movimento molto facilmente, quindi li mascheriamo quasi nel momento in cui appaiono.

Quando ti eserciti, alla ricerca di indizi sottili per il vero stato emotivo, inizia con le sopracciglia.

Un sopracciglio alzato è uno sguardo interrogativo. Hanno avuto qualche input e stanno chiedendo maggiori informazioni spesso viste con la mano, con il palmo rivolto leggermente verso l'altra persona.

Se gli occhi si allargano allo stesso tempo accompagnati da un sorriso, allora si assiste ad un interesse intimo, di solito questa segnalazione è riservata ai partner romantici. Come una micro espressione mostra interesse ma anche che il soggetto non è disposto a mostrare questo interesse. Un buon esempio potrebbe essere quando due parti contrattano.

Quando entrambe le sopracciglia si sollevano verso l'alto allo stesso tempo di una micro espressione, la persona è sorpresa da ciò che vede o sente.

Se le sopracciglia si muovono verso l'alto più lentamente e deliberatamente, l'informazione ricevuta è veritiera e il cervello sta vivendo una forma lieve di conflitto.

Le sopracciglia che si muovono verso il centro della faccia in un movimento di strabismo stanno mostrando preoccupazione.

Quando la testa è inclinata in avanti e il soggetto ti guarda da sotto le sopracciglia, dimostrano dominanza e sfida.

Quando le sopracciglia si alzano, questo è un segno di riconoscimento. Quando questo è mantenuto ed è accompagnato da un'espressione facciale positiva, è una sorpresa felice. Se è solo un istante, non è così bello.

Un altro "flash" delle sopracciglia è un sicuro segno di riconoscimento che può essere qualsiasi cosa, dal vedere una persona, a confermare internamente uno stimolo particolare. Ad esempio quando vengono accusati di un atto, invece di mostrare sorpresa, mostrano consapevolezza. Questa persona potrebbe essere colpevole!

L'alzata delle sopracciglia insieme agli occhi spalancati è una chiara espressione di sorpresa. A volte questo movimento delle sopracciglia è accompagnato da un respiro profondo, quando questo accade è più probabile che sia lo shock o la paura piuttosto che la sorpresa

Le sopracciglia che vanno verso il centrodinsieme al restringimento degli occhi sono un'espressione evidente di rabbia. Se vedi questo come una micro-espressione che viene poi mascherata, fai attenzione.

Quando il sopracciglio si solleva e i lati del viso vanno verso l'interno, significa che la persona sta provando tristezza o sta empatizzandocon qualcuno.

Occhi

Prima di guardare gli occhi e tutto ciò che possono dirci ricordati di usare la guida per interpretare i loro segnali. La spiegazione completa è nel primo capitolo, ma ripeterò la panoramica nell'interesse di non dover andare avanti e indietro. La direzione degli occhi sotto riportata è dal punto di vista dei soggetti, in alto e destra è alla loro destra, e alla tua sinistra.

Su a destra immaginano visivamente

Su a sinistrarichiamano visivamente

Sguardo a destra per accedere all'immaginazione uditiva
Sguardo a sinistra per accedere alla memoria auditiva
Giù a destra immaginano emozioni o sensazioni fisiche
Giù a sinistra ricordano emozioni o sensazioni fisiche

Si dice che gli occhi siano la finestra dell'anima, e dal punto di vista del cervello istintivo sono certamente una finestra nella mente.

Data questa idea di finestra possiamo facilmente capire perché facciamo alcune delle cose che facciamo. Gli occhi spalancati quando le cose sono buone per lasciare entrare le immagini e assaporare il momento. Chiuderli quando le cose non sono gradevoli, come se ciò che non vediamo non ci può influenzare.

Coprire gli occhi

Coprire gli occhi è un tentativo di proteggere il cervello dal vedere qualcosa di sgradevole, questo include chiudere le palpebre o socchiudendo gli occhi fino a mettere una mano o l'avambraccio davanti a loro.

Quando il coprire degli occhi è accompagnato da un'inclinazione in avanti della testa, può indicare che la persona non crede o non è d'accordo con ciò che viene loro detto. Questo comportamento può verificarsi anche in una persona che si trova in difficoltà con un'informazione o sta pensando intensamente.

Coprire gli occhi è simile ad un micro gesto che accade molto brevemente ed è un gesto di protezione. Può essere breve come sfiorare il sopracciglio, o poggiare un dito sull'esterno della palpebra.

Tenere gli occhi chiusi per un lungo periodo, o quello che potrebbe sembrare un tempo innaturalmente lungo, è un modo per bloccare le interferenze mentre noi contempliamo.

Di solito indica un conflitto o una lotta tra idee opposte. Ad esempio quando affronti un bambino e sa che la frase "era già così quando l'ho trovato" non funzionerà più. È come se stessero nascondendo gli occhi mentre affrontano il ripensamento.

La compressione delle palpebre è un gesto di protezione che fa sembrare come se il viso stesse soffrendo. Guarda qualcuno che riceve cattive notizie, come quando non hanno ottenuto un contratto. Le palpebre si comprimono. Ciò avviene anche in concomitanza con uno scuotimento della testa, come se si rifiutasse di ascoltare o vedere le prove di cattive notizie.

Il battito delle palpebre può manifestarsi nell'intera gamma di emozioni, dalla gioia profonda alla completa paura. Nota il cambiamento nella frequenza del battito come base di riferimento.

È interessante notare che blocchiamo i nostri occhi anche per escludere le informazioni auditive. Quando qualcuno riceve o si aspetta di sentire cattive notizie, spesso mostra alcune delle azioni sopra elencate.

Le Pupille

Pupille dilatate. Molti di noi associano questo con l'assunzione di droga, grazie alle notizie della stampa popolare ecc. La dilatazione avviene quando siamo rilassati e a nostro agio. Osserva due giovani innamorati che si guardano negli occhi e vedrai le loro pupille dilatate. Le pupille dilatate mostrano interesse.

Dilatazione parziale. Questo è un segno di scetticismo sul fatto che il soggetto non è ancora del tutto preso, ma non ha completamente perso interesse.

Le pupille ristrette sono una forma di protezione biologica dell'input negli occhi. Il soggetto ha perso completamente interesse. Spesso accompagnato da un aspetto vetrato o lontano. A volte sembra che stiano guardando attraverso di noi. È l'aspetto di una persona ipnotizzata.

Cercare indizi nelle pupille degli occhi è ovviamente molto difficile dato che dobbiamo essere molto vicini al soggetto e non c'è modo di nascondere il fatto che lo stai guardando.

Altri movimenti degli occhi

Occhio meravigliato. Questi sono gli occhi grandi che facciamo quando siamo piacevolmente sorpresi o stupiti, questo è un gesto di grande conforto.

Guardare di lato mantenendo la testa rivolta in avanti è uno sguardo diffidente. Questo a volte viene fatto non come il risultato di un input diretto, ma piuttosto come una reazione alla persona stessa. Ho assistito a questo movimento oculare in un soggetto anche quando l'oggetto della loro sfiducia non era presente. Quando si parla di una persona non fidata, il soggetto appare di lato mentre dice "Non crederei a una parola di ciò che dice"

Alzare gli occhi è un gesto irrispettoso e quando è fatto è impossibile non vederlo.

NASO

Il naso è spesso completamente trascurato, il che è un errore.

Il naso è interessante perché ci vuole un grande sforzo per usare i muscoli ad esso associati.

Ciò significa che non appena è lì in posizione neutra, il soggetto lo nota.

Pertanto è una buona fonte di micro espressioni. Esiste un'espressione comune "segui il tuo fiuto", questo ha la sua fondatezza. Hai mai visto il trucco magico in cui il mago indovina su quale mano ha la vittima un oggetto? Immagino di sì.

Bene, il motivo per cui il mago ha sempre ragione è che è in grado di leggere i micro movimenti. Anche quando la vittima ha gli occhi puntati in avanti, il naso si gira leggermente verso la mano in cui ha l'oggetto.

Il naso arricciato

Questo è quando il naso è tirato su e linee orizzontali appaiono sul ponte proprio tra gli occhi, ed è spesso accompagnato da un solco della fronte. La persona che mostra questo comportamento sembra stia annusando un cattivo odore. Questo non è poi lontano dalla verità, poiché il cervello istintivo che sente un suono, un odore o vede qualcosa che ci disgusta ci farà arricciare il naso.

Quindi il naso è un segno di disgusto o avversione. Ci sono variazioni sull'arricciatura, per esempio, a volte capita solo da un lato, e spesso è all'unisono con un ghigno. Questa è anche una micro espressione molto comune che viene rapidamente coperta da un sorriso falso educato.

Narici larghe

Le narici larghe sono un brutto segno. Accade letteralmente per aprire le narici più del solito e consentire l'inalazione di più ossigeno, quasi sempre si noterà un respiro più rapido o più profondo del solito, inoltre la persona tenderà a "piantare" piedi. Questi sono tutti segni che la persona ha deciso di ricorrere al combattimento. Ovviamente questo non significa necessariamente che le cose stanno per diventare fisiche. È sicuramente un segno che la persona è determinata a mantenere la propria posizione, sia che si tratti di una negoziazione o di una discussione.

Quindi, se le narici si allargano, e tu sei la causa della reazione, fai un passo indietro.

Le narici si allargano anche quando ci eccitiamo. Quindi, come sempre, identifica

i segnali in un gruppo di comportamenti e, naturalmente, nel contesto.
Naso verso l'alto

Un naso tenuto versol'alto è un segno di distacco; questa posizione tende naturalmente a far guardare verso il basso la persona, quindi l'espressione "guardare dal basso verso l'alto".
È interessante notare che quando le persone meno alte vogliono dimostrare questa freddezza, a volte devono inclinare la testa molto indietro modo per farlo, rendendo il naso ancora più pronunciato.
Vedere qualcuno più basso di te fare questo può sembrare abbastanza innaturale e persino divertente. Attenzione questo ti piacerà quando lo vedrai. Sembrerà quasi che stiano parlando col soffitto.
Come nota in calce dell'ultimo passaggio, le persone alte spesso si abbassano per evitare di proiettare quest'aria di autorità.
Guance

Toccare la guancia con le dita è fatto per molte ragioni, naturalmente, alcune persone lo fanno per pura abitudine.

Molte persone lo fanno quando sognano ad occhi aperti o quando pensano. A volte si passa dal semplice tocco della guancia,poi alla mano a cucchiaio sotto al mento, per poi tornare di nuovo a toccare la guancia. Quando ciò accade, stai assistendo ad una fluttuazione nell'intensità dei pensieri.

Appoggiare la guancia su un pugno aperto è una variazione della posa del pensatore.

Naturalmente ci sono un sacco di terminazioni nervose sulle guance, quindi toccare le guance è anche un tipo di consolatore molto efficace.

Guance gonfie

Il gonfiarsi delle guance e lasciare uscire l'aria dalle labbra increspate è un consolatore molto intenso. Questo è un consolatore universale e lo facciamo ogni volta che abbiamo evitato qualcosa di sgradevole, o qualcosa di sgradevole che è successo ed è finalmente finito.

Colore delle guance

Il colore delle guance può anche essere molto significativo.

Rossore o imbarazzo, le guance diventano rosse e il viso diventa più caldo.

Questa è una reazione emotiva universale per tutti noi. Tuttavia, l'emozione reale visualizzata può variare dall'imbarazzo fino alla rabbia.

Ci sono altre ragioni fisiche per cui le guance si arrossano e questa potrebbe essere la temperatura effettiva dell'ambiente. Il calore generale di una persona può facilmente dare un falso positivo di una reazione emotiva.

Mordere la guancia

Mordere l'interno della guancia è un segno di disagio. Spesso questo mordere le guance causa alcuni movimenti molto pronunciati all'intero volto, e la persona non si rende nemmeno conto di quanto siano contorti. Morditi delicatamente l'interno della tua guancia mentre ti guardi allo specchio, è piuttosto divertente.

Labbra

Le labbra increspate sono quando mettiamo le labbra tonde e strette. Lo facciamo quando siamo scontenti.

Naturalmente, il livello di dispiacere deve essere preso in considerazione. Un genitore che increspa le labbra insieme con le sopracciglia alzate, potrebbe indicare che non sono contenti di un compito a scuola o del comportamento dei loro figli. Qualcuno che mostra labbra increspate, una fronte corrugata insieme a narici larghe, può aver raggiunto il limite e diventare molto arrabbiato, questo è più simile alle labbra incurvate del preside che stanno per espellere il suddetto bambino da scuola.

Le labbra increspate possono anche indicare il disaccordo con ciò che viene ascoltato o visto.

Labbra che vanno scomparendo

Quando le labbra sono compresse e girano verso l'interno quasi scomparendo dalla vista, il segno è che stanno fermando fisicamente qualcosa che esce dalla loro bocca, come per l'espressione "trattenere la lingua".

Hanno qualcosa da dire ma scelgono di non dirlo. Potresti vederlo durante una conversazione mentre una persona sta parlando e l'ascoltatore fa sparire il suo labbro.

Quando verrà il loro momento di parlare, avranno quasi sempre qualcosa di negativo da dire su ciò che hanno sentito.

Un altro tipo di labbra che scompaiono può accadere quando una persona ha semplicemente qualcosa da dire ma ha deciso di non farlo.

Questo non è un segnale sicuro di menzogna. Può darsi che il soggetto abbia semplicemente un segreto. Le labbra ti stanno letteralmente mostrando "le mie labbra sono sigillate", ma se vedi questo comportamento in risposta a una domanda, cerca ulteriori indizi come azioni confortanti e altri segnali di disagio.

A volte vediamo le labbra increspate su coloro che sono stati messi da parte in uno scambio multi-persona. Spesso nelle riunioni di commissione o di consiglio, se ciò accade, puoi fare la cosa gentile e chiedere se hanno qualcosa in mente, non si sa mai potrebbero avere qualcosa di molto importante da dire.

Leccare le labbra

Leccare le labbra è un comportamento confortante universale. Ovviamente le labbra potrebbero anche essere semplicemente secche, soprattutto in inverno. Ma la secchezza si verifica anche quando siamo sotto stress.

Strofinare le labbra da un lato all'altro con la nostra lingua è un segno di disagio e di contemplazione.

Mordersi le labbra

Ci sono molte ragioni per cui una persona può mordersi le labbra e i messaggi sono molto diversi, come vedrai in seguito, lo accennerò un'ultima volta per ricordare di cercare più segnali, considerare la situazione e il contesto, oltre che confrontarli con la base di riferimento.

Vediamo persone che si mordono le labbra quando sono ansiose. È simile a mordere le guance ed è un consolatore universale.

Mordersi le labbra come quando, per esempio, le ragazze lo usanoper flirtare, lo fanno per sembrare timide e vulnerabili e ciò le rende attraenti agli gli uomini.

Mordersi le labbra è anche un modo per dire che qualcuno prova empatia per un altro. Si può vede quando un individuo ne osserva un altro in pena o angoscia.

Mordersi le labbra può essere sostituito e aumentato usando un oggetto come una matita. In questo caso viene usato come consolatore. L'uso delle sigarette ha lo stesso effetto.

Labbra rigide

Il labbro superiore rigido, è un'espressione che abbiamo nel Regno Unito. Non è solo un'espressione, ma è un atto fisico. È un mezzo per allontanare le emozioni nel tentativo di risolvere la situazione. È quasi impossibile mostrare tristezza con il viso avendo il labbro superiore rigido.

Fare il broncio

Fare il broncio avviene per motivi diversi. Dovrebbe essere interpretato nel contesto per determinare il segnale corretto. OK, è davvero l'ultima volta che ne parlo.

Fare il broncio con le sopracciglia solcate significa dispiacere o tristezza.

Fare il broncio con gli occhi leggermente allargati per mostrare interesse.

Fare il broncio con lo sguardo distante accade quando stiamo pensando profondamente.

Lingua

Ovviamente una parte molto delicata dell'anatomia, e anche molto sensibile. Potresti pensare che ha poco a che fare con il linguaggio del corpo poiché è nascostadentro la bocca. Ma non potrebbe essere più lontano dalla verità.

Lingua vincente

Guarda i bambini che giocano in un gioco che è competitivo in qualche modo, calcio, poliziotti e ladri, cowboy e indiani, vedrai spesso che quando un bambino è vittorioso sull'altro in uno di questi giochi, il vincitore punterà la lingua lasciando che l'altro sappia di aver perso.

Sta dicendo "Sono meglio di te". Naturalmente con i bambini piccoli questo non è malizioso, significa solo che sono più bravi in quel particolare gioco.

Perdere la lingua

È interessante notare che il perdente uscirà spesso la lingua al vincitore. In questo caso è un gesto di sfida e di distacco. Il perdente sta dicendo "Non mi interessa, non è importante per me".

Lingua non interessata

Un'altra versione di questa lingua che fanno i bambini, è quando vengono scoperti mentre fanno qualcosa. Si gireranno e usciranno la loro lingua e diranno "e allora?"

La lingua di chi l'ha fatta franca

Finalmente la lingua esce come per dire non mi hai preso.

Lingua di concentrazione

Tirare fuori la lingua è un comportamento molto significativo. Stiamo dimostrando che siamo così commossi che siamo disposti a esporre una parte molto importante del nostro corpo che di solito è mantenuta sana e salva.

Spesso gli adulti escono apertamente la lingua l'un l'altro. Se è palese, allora è un caso di presa in giro personale, un riconoscimento del loro comportamento infantile.

La versione di questa lingua negli adulti è più discreta, una lingua un po' sporgente, potrebbe essere un campanello d'allarme.

Questo si vede quando la lingua sporge tra le labbra che vengono tenute chiuse, sembra che la lingua si stia forzando in avanti e generalmente esce solo di un millimetro o due.

Spesso appare molto come una micro-espressione, ma è comunque lì. Questa lingua non ha un significato diverso dalle precedenti azioni infantili.

Appare come una micro espressione quando qualcuno pensa di aver vinto o, più precisamente, se l'è cavata con qualcosa.

Proprio come il nostro bambino sconfitto mostra anche disgusto.

Per alcune persone che usano questa espressione è impossibile non mostrareanche un micro sorriso allo stesso tempo. Se noti queste due cose insieme è quasi certo che tu sia stato fregato e probabilmente in modo non lieve.

Strofinare la lingua lungo la parte anteriore dei denti con la bocca chiusa è un atto di fiducia è un altro modo di pavoneggiarsi.

Bocca

Questa è una parte interessante dell'anatomia quando si tratta di interpretare i segnali non verbali, soprattutto perché è essa stessa la fonte del verbale. È anche capace di sussurrare, urlare, gridare, cantare e persino baciare.

Poiché ci viene insegnato fin dalla tenera età a mentire, sia per non ferire i sentimenti degli altri sia per farla franca con qualcosa, la nostra bocca è piuttosto abile a farlo, e insieme alle risposte addestrate che usiamo per controllare la nostra espressione, spesso ci riusciamo.

Ciò che è interessante è ciò che succede alla nostra bocca prima, durante e dopo che mentiamo. In sostanza, non credete necessariamente a tutto ciò che vi è stato detto, ma credete agli indizi di micro intenzione e ai consolatori.

Fischiare

In alcuni posti al mondo questa è un'abitudine molto offensiva. Alcune culture si sentono invasi anche se non vi è stato alcun atto fisico di entrare nella zona di comfort.

A volte quando le persone fischiano è un segno di nervosismo e disagio, ma a volte è solo abitudine.

Se è abitudine, allora come è diventata un'abitudine? E' interessante notare che l'abitudine è stata formata a causa del nervosismo. Inizialmente il soggetto avrebbe fischiato quando nervoso, per esempio dovendo camminare in un vicolo buio o qualcosa di simile.

Dopo aver fischiato abbastanza volte e sentitosi confortato, il fischio viene usato così spesso che l'inconscio lo prende come un'abitudine. Come osservi la maggior parte delle abitudini che fanno da consolatori, fai lo stesso per il fischiare. Se vuoi sapere di più su come si formano le abitudini, leggi i miei altri libri sull'ipnosi.

Sbadiglio

Sbadigliare può indicare disagio. Se fai una domanda a qualcuno e sbadigliano troppo a lungo, prima o anche durante la risposta, ciò dimostra che erano a disagio per quello che stava uscendo di bocca. Serve a due scopi. Chiude leggermente gli occhi in un tentativo di blocco visivo e fa anche da consolatore a causa di tutti i nervi che si attivano mentre la bocca si estende. Se vedi qualcuno fare questo in risposta a una domanda, stai all'erta.

Non dimenticare che le persone sbadigliano quando sono stanche, anche sbadigliando è contagioso come un sorriso, una volta che una persona inizia il resto di solito segue. Dovresti riuscire a individuare uno sbadiglio naturale con pochissima pratica.

Sorriso

Un sorriso genuino fa salire le guance verso le orecchie, le fossette appaiono agli angoli della bocca e gli occhi si ammorbidiscono con gli angoli increspati. Insieme a questi segni facciali, la testa si inclinerà leggermente di lato. Qualsiasi cosa diversa da questa è un falso sorriso.

Falso sorriso

Le labbra si estendono orizzontalmente sul viso e non vi è alcuna reazione emotiva corrispondente visibile negli occhi. A volte l'esterno delle labbra si curva in realtà leggermente verso il basso.

C'è una variazione del falso sorriso; questo è il sorriso apertamente grande. Il sorriso esagerato, la bocca si alza come con un sorriso sincero, gli occhi si increspano, ma non si ammorbidiscono. Questo è il falso sorriso condiscendente. Quando vedi il falso sorriso condiscendente, la persona non ha rispetto per te.

Sorriso capovolto

Scarsa fiducia, anche visto durante il pianto.

Come per tutti i movimenti verso il basso sono un segno di angoscia di un tipo o un altro. Il sorriso capovolto a volte può essere visto insieme alle labbra che scompaiono.

Sembra quasi che la persona che sia riuscita a farla franca, provi compassione per la propria vittima.

Ghigno

Questo è un sorriso unilaterale quasi esclusivamente visto come una micro espressione, questo sguardo mostra totale mancanza di rispetto per la persona a cui è diretto.

Stupore

La bocca spalancata può essere in completo stupore. Spesso visto in un evento, ad esempio uno spettacolo di fuochi d'artificio, la folla emetterà un "wow" e poi la bocca rimarrà aperta perché sono così assorti in quello che stanno guardando.

Un'altra bocca spalancata spesso si verifica durante il sogno ad occhi aperti quando la persona si rilassa. Mia nonna chiamerebbe questa espressione "prendere le mosche" e dire un "penny per i tuoi pensieri".

Sorrisetto

Il sorrisetto è una versionecontrollata di un sorriso o di un falso sorriso.

A volte è una specie di ghigno a due facce, se è accompagnato da una piega nasale.

Mento

Un altro detto sono sicuro abbiate tutti sentito. "A testa alta!" È quello che diciamo alle persone quando sono giù, in crisi, come se alzando il mento, la testa, si alza magicamente il loro umore.

Beh, in realtà non è così ridicolo. Come per tutto il resto del linguaggio del corpo, su è buono. Giù è cattivo.

Quindi sollevare il mento, o anche "rimboccarsi le maniche", è una manifestazione fisica di scavare in profondità e sollevarsi per affrontare qualsiasi sfida si debba affrontare.

Quando il mento è orizzontale o leggermente più alto, questo è uno spettacolo di fiducia. Qui è dove abbiamo l'espressione 'mento in su'.

Se sale abbastanza può significare che stanno cercando di guardarti dall'alto in basso. (Vedi la sezione sui nasi).

Mento giù significa anche fiducia. Questo richiede letteralmente di inclinare la testa in avanti. Più il mento si avvicina al petto, minore è la sicurezza.

Osservare un bambino che viene rimproverato da un genitore più a lungo va avanti il rimprovero, più verso il basso va il mento.

È anche un ottimo modo per bloccare gli occhi. Questo è il motivo per cui alla fine del rimprovero, il genitore dirà al bambino di guardare in su. È per confermare che il messaggio è stato compreso.

È anche un consolatore universale quando lo abbassiamo nel tentativo di coprire l'incavo del collo. Vedi la prossima sezione.

Il mento (o l'abbassamento della mascella) può mostrare stupore e incredulità. Questa è un'espressione raramente fraintesa. Anche nella sua micro forma, a causa dell'intera mascella che scende e torna indietro, richiede molto più tempo rispetto alla maggior parte delle micro espressioni che durano solo un decimo di secondo, ed è per questo facilmente riconoscibile.

Mascella chiusa

Se la bocca è aperta o chiusa è un buon indicatore di stress. A volte questo blocco può essere tenuto per un tempo molto lungo, infatti più a lungo viene trattenuto, più tensione c'è. Cerca altre reazioni per interpretare cosa stia succedendo.

Esposizione del collo

Inclinando la testa da un lato questa area viene esposta, questo è un indicatore di alto conforto in quanto consente l'accesso, anche se solo visivamente, a questa area. Non solo mostra fiducia ma invita a fidarsi.

Quando succede questa esposizione del collo è importante ricordare la teoria del cervello sinistro e destro.

Se esponi il lato sinistro quindi la tua testa è inclinata a destra, allora stai comunicando emotivamente con la tua coorte.

Se tuttavia il lato destro è esposto dalla inclinazione della testa sinistra, viene utilizzato il lato logico del cervello.

Attenzione a questo tipo, è davvero divertente da guardare e preciso.

Due uomini d'affari che parlano di un progetto possono inclinare la testa a sinistra esponendo il collo destro nell'accettazione di una teoria. Mentre i partner romantici o le persone che flirtano espongono il loro lato sinistro del collo.

Coprire l'incavo del collo

Qualsiasi contatto o copertura del collo è un segno non verbale negativo, non importa quanto fugace. Un singolo tocco con un solo dito può essere altrettanto indicativo di un palmo aperto premuto contro il collo.

È un consolatore universale. Può essere qualsiasi cosa, da un tocco lieve quando non siamo sicuri, fino a coprirlo completamente quando abbiamo paura.

Questa copertura dell'incavo non significa necessariamente toccare realmente con la mano, ma può essere un movimento più discreto.

Giocare con una collana per una donna è una modo di coprire l'incavo.

Aggiustare la cravatta per un uomo fa parte di questo comportamento confortante.

Aggiustare la cravatta può avvenire mentre un uomo si prepara per un compito, è un ultimo controllo veloce che tutto sia a posto prima di andare avanti. È una specie di atto di toelettatura.

Anche allentare il colletto è un segno di disagio. Anche se è più probabile che sia un tentativo di far respirare il collo piuttosto che coprirlo. Avrete tutti sentito l'espressione "caldo sotto al colletto". Beh, questo è esattamente quello che succede. Il disagio provoca calore.

Sfregare una mano intorno al collo, spesso visto con un collo teso, è un consolatore simile sempre per fare respirare il collo.

Toccare i lati o la parte posteriore del nostro collo è anche un consolatore molto forte e anche questo è universale per tutti noi. Vedere questo comportamento indica un certo grado di disagio. Insieme ad altri indicatori e nel contesto puoi capire cosa ha causato il disagio.

Toccare il collo sotto il mento può essere un gesto lusingante. Soprattutto se visto con una leggera inclinazione della testa. Quando le donne fanno questo, fai attenzione a non confondere la copertura dell'incavo. La mano sarà più vicina al mento dell'incavo.

Le donne possono usare gli accessori che indossano per fare questo gesto di "dai avanti", ad esempio giocando con una collana e farle toccare il collo.

Indicatore di carburante

L'indicatore del livello di carburante del collo, se guardi una donna in conversazione e il suo braccio è su di lei o sopra un tavolo questo è un buon segno che lei è a suo agio.

Il suo indicatore del livello di disagio è inesistente o vuoto. Se la sua mano sale verso il suo collo, si sta sentendo a disagio. Più alta è la mano, più alto è il livello di disagio, proprio come un indicatore del livello del carburante sul cruscotto dell'auto.

Se qualcuno inclina la testa da un lato mentre ti dice qualcosa e nello stesso momento si toccano il collo, quasi sicuramente ti è stata appena detta una cosa non vera.

È un tentativo di disarmare con un'inclinazione sottomessa della testa, che in circostanze normali potrebbe essere accompagnata da un sorriso o da un'altra espressione facciale amichevole, insieme ad un altro grande consolatore.

Il Centro

Le spalle

Poiché sono una parte così grande dell'anatomia, in realtà è facile ignorarle mentre cerchiamo altre micro espressioni e piccoli segnali non verbali.

Ignora le spalle a tuo rischio e pericolo. Sono un ottimo indicatore dello stato emotivo generale di un individuo.

Nota la loro posizione quando avvii la tua guida di riferimento. Dal momento che sono spesso la prima parte del corpo a fare una mossa. Sono un buona riserva quando si tentano più interpretazioni, se si vede un segno non verbale e le spalle confermano ciò che pensavi, accoppiato con un consolatore, puoi essere certo che la tua conclusione sia corretta. O sei almeno sulla strada giusta.

Pensa a come funzionano le spalle. Se qualcuno ti fa una domanda e conosci la risposta, le tue spalle vanno verso il basso e la tua testa verso l'alto, mostrando sicurezza e conforto.

Se non conosciamo la risposta, diciamo "non lo so" e allo stesso tempo eseguiamo una leggera scrollata di spalle. Questo movimento fa di conseguenza abbassare la testa. Scarsa confidenza e disagio.

Spalle sollevate fisse

Questo è un segno di scarsa fiducia. Se avete mai osservato una persona clinicamente depressa, avrete visto che ha una costante espressione di scollatura di spalle. Puoi vedere la sconfitta non solo nei loro occhi ma anche nelle loro spalle e persino nei loro movimenti.

Infatti, se facciamo riferimento a una delle prime lezioni, "su è buono e giù è male", possiamo vedere questo in azione, le persone depresse non sono mai "su" in nessun senso.

Se ciò accade all'improvviso in reazione agli stimoli, si tratta di una reazione modificata. Se è accompagnata o seguita da un consolatore come stringere le mani, allora la persona ha sentito o visto qualcosa che lo ha letteralmente prosciugato della sua autostima.

Cercare di alzare le spalle abbastanza da far sparire la testa è un segno di profondo disagio.

Scrollare le spalle

Scrollare le spalle segue anche il precedente "alto basso". Quando qualcuno fa una grande scrollata di spalle, di solito mostra fiducia in qualunque cosa stiano dicendo.

Quindi una frase come "Non ne ho idea" completa con una grande scrollata di spalle significa che la persona sta probabilmente dicendo la verità.

Non possiamo scrollare le spalle in giù, quindi la cosa migliore da fare è scrollarle il meno possibile. Qualcuno che fauna scrollata di spalle piccola e risponde a una domanda, non è molto convinto di ciò che sta dicendo.

La scrollata di spalle da un lato solo è veloce a venire ed andare, diventa un chiaro indicatore di poca fiducia.

Una scrollata di spalle da un lato solo che viene trattenuta per un attimo, è spesso un segno di disprezzo. Fai attenzione se viene accompagnata da un sogghigno.

La stessa cosa vale la scrollata di spalla singola, anche questo è un segno di scarsa sicurezza.

Sfregare le spalle

Sfregare le spalle come se la spolverata fosse un gesto sprezzante.

Se il soggetto fa questo mentre stai parlando con loro mostra arroganza. Se facessi un passo indietro, vedresti che è come se venissi simbolicamente messo da parte e non sei più importante di un insetto atterrato sulla sua spalla.

Torso

Poiché il torsocontiene tutti i nostri organi vitali, il cervello istintivo si prende particolarmente cura di esso. Se c'è qualche segno di pericolo o disagio copriremo il nostro busto o ci allontaneremo da ciò che è la fonte del disagio.

Questa copertura e rotazione avverranno anche per stimoli al di fuori dell'interpersonale. Lo facciamo anche quando guardiamo qualcosa in TV.

Se vedi una procedura di chirurgia grafica su un documentario televisivo o anche su una soap opera, tendiamo a coprire la parte relativa del nostro corpo e alla fine ci giriamo se diventa troppo angosciante.

Inclinarsi

È un buon indicatore di conforto generale o disagio?

Due persone che si inclinano l'una verso l'altra sono a proprio agio, quelle che non lo fanno non lo sono.

Se solo uno si sta allontanando, è probabile che la persona abbia sentito o visto qualcosa che li abbia messi a disagio. Certo, ci allontaniamo da persone che non ci piacciono, a volte quasi impercettibilmente.

Un'altra volta una persona potrebbe distaccarsi da un'altra quando mostrano una leggera deferenza verso un suo superiore, dimostrando che non solo non hanno il diritto ma non hanno intenzione di invadere lo spazio personale del loro superiore.

Inclinarsi indietro crea distanza e distanziarsi con il corpo è un "abbandono educato".

L'inclinazione della verità

Quando ci viene detto qualcosa che crediamo vero tendiamo a piegarci leggermente mentre prestiamo attenzione.

D'altra parte, quando abbiamo dubbi o semplicemente non crediamo alle informazioni ci allontaniamo.

È vero il contrario quando diciamo bugie. Nel tentativo di costringere la persona a cui stiamo dicendo la menzogna, ci sporgiamo in avanti. È una specie di gesto lieve e imponente. Il corpo diventa anche compatto, questo crea un'atmosfera cospiratoria come se la persona a cui viene detta viene coinvolta in un segreto.

Mentre diciamo la verità, spesso ci incliniamo leggermente indietro. Questa volta l'inclinazione è un segno di sicurezza e conforto. Come per dire, se non mi credi non mi interessa, questo è tutto ciò che ti posso dire.

Copertura del torso

Coprire il torso in qualsiasi modo è un segnale di scarsa sicurezza, di distaccamento e di conforto. In realtà può anche progredire da uno all'altro. Di seguito ci sono tre esempi.

Incrociare le braccia

Immaginate un soggetto con le mani incrociate liberamente davanti a sé, questo può indicare che non sono a proprio agio con la situazione, o forse sono a loro agio e questa è solo una posa neutrale per loro.

Poi viene data loro una notizia che li fa sentire sotto una leggera pressione, le incrociano o si uniscono nel tentativo di tenere a bada le informazioni.

Poi viene ricevuto un input più serio e le cose diventano troppo difficilida gestire, le mani quindi si girano attorno al corpo in un abbraccio personale consolatore.

Abbottonare la giacca

Questo può essere un modo di coprire il torso in determinate situazioni.

Una volta mi sono seduto a guardare con interesse un uomo in un incontro ad alto livello di una ventina di dirigenti.

Durante l'incontro si abbottonava e si sbottonava continuamente la giacca mentre si sedeva al tavolo. All'inizio ho pensato che questo indicava che aveva poca fiducia in se stesso o che era indeciso sul tema trattato.

Mentre continuavo a osservarlo e cercare altri segnali non verbali, un'altra possibile spiegazione del suo comportamento si presentò.

Divenne chiaro che quando una persona in particolare parlava a favore delle proposte presentate, si sbottonava la giacca.

Poi, quando qualcuno era contrario alle proposte, la abbottonava di nuovo.

Così ho continuato ad osservare, ogni volta che discutevano positivamente riguardo al soggetto in discussione, non solo si sbottonava la giacca, ma faceva anche un micro cenno con la testa, e il suo viso era rilassato e neutro.

D'altra parte quando altri parlavano negativamente si abbottonava la giacca e scuoteva la testa in maniera quasi impercettibile.

A questo si aggiungeva un micro ghigno e sapevo di essere sulla strada giusta. Tutto ciò è stato confermato in seguito durante la votazione.

È interessante notare che proprio alla fine di questo incontro il presidente si alzò in piedi per dire la sua opinione, mentre lo faceva lentamente e deliberatamente si abbottonava la giacca.

Questo per far sì che tutti i partecipanti sapessero che ciò che stava per dire era definitivo e concludeva la discussione, e anche l'incontro.

Quindi puoi vedere che le persone in questa riunione usavano le loro giacche come estensioni del loro corpo per mostrare il linguaggio del corpo.

Con un oggetto

Questo potrebbeessere posizionare oggetti su un tavolo per formare una barriera, non deve essere un oggetto grande poiché l'effetto è psicologico, una matita o una penna faranno il trucco. Può anche essere qualcosa di più sostanziale.

Una volta ho avuto un problema con uno dei miei figli, niente di serio mi affretto ad aggiungere, le solite robe domestiche probabilmente su qualcosa che si è rotto, non ricordo davvero.

Tuttavia, ricordo il comportamento non verbale che ha mostrato in quel momento. Gli ho chiesto di sedersi sul divano. Era ovviamente consapevole che c'era un problema, perché mentre si sedeva raccolse un cuscino e lo tenne sulle ginocchia davanti a lui, quando iniziai a parlargli di cose che mi riguardavano, il cuscino lentamente ma decisamentesi spostò dalle sue ginocchia al suo petto.

Quando raggiunsi il punto critico e gli feci una domanda diretta, tirò forte il cuscino e cominciò a massaggiarsi il mento.

Come vedi che ha iniziato con una barriera iniziale di bassa sicurezza, come in cuscino sulle ginocchia.

Poi si mise in posizione di chiusura con il cuscino sul petto.

E poi per un completo consolatore lo ha messo sotto il mento, o davanti all'incavatura del collo per essere precisi.

Maschio alfa

Invadere lo spazio con il busto in piedi o seduti è come marcare il territorio. Questo sarà discusso di più nella sezione delle mani e delle gambe di questo libro.

Il gonfiarsi del torace è un'esibizione di dominanza, spesso visto in ufficiali di polizia insieme ai gomiti aperti ai lati; è un'esibizione di autorità.

Notate come anche gli agenti di polizia camminano o stanno in piedi con le gambe e i piedi alla larghezza delle spalle. Notate come quando fanno questo i loro pollici sono tenuti nascosti nei loro giubbotti anti-taglio. Ciò consente loro di assumere una posizione dominante ma allo stesso tempo minimizzare qualsiasi manifestazione di aggressività.

Questa posa non è solo copiata da un ufficiale all'altro. Questa posa è in realtà insegnata a loro.

In futuro puoi stare attento a questo è quasi comico se hai la possibilità di vedere diversi agenti di polizia in pattuglia durante un evento come una fiera regionale.

Quando vedi che due di loro si parlano faccia a faccia, la posa è facile da individuare ma appare fabbricata piuttosto che naturale.

Verso e via

Quando siamo a nostro agio siamo felici di affrontare un'altra persona. Dopotutto, stai esponendo psicologicamente i tuoi organi vitali a quella persona.

Avere il busto girato può significare molte cose. Il segnale di fondo è che non si sentono a proprio agio.

È ovviamente una posa distanziatrice che tiene gli organi vitali lontani da ciò che non piace o di cui non si fidano.

È spesso visto insieme al movimento all'indietro.

A volte una posa intenzionale che indica che il soggetto sta per, o preferirebbe, andarsene. L'intenzione può essere vista più facilmente quando i piedi sono rivolti nella stessa direzione del busto.

Cerchiamo anche di diminuire le dimensioni del nostro corpo quando è minacciato. Cerchiamo di rendere il più piccolo possibile il bersaglio.

Più avanti leggerai dei maschi che inquadrano e indicano i loro genitali come una forma di attrazione per le donne. Le donne fanno una cosa simile per attirare gli uomini sollevando la parte superiore del loro corpo verso l'alto, come se stessero prendendo e trattenendo un respiro profondo, letteralmente mostrando il loro seno.

Questa posa avviene solo se la donna ha ragionevolmente fiducia in se stessa o se il suo obiettivo prefissato è già in qualche modo interessato a lei.

Braccia

Usiamo le nostre braccia per così tante cose che le agitiamo in riconoscimento e per attirare l'attenzione. Le postiamo quando parliamo per essere più espressivi. Le abbiamo messedavanti per proteggerci nei momenti di pericolo.

Dobbiamo esaminare quanto detto sopra più in dettaglio per capire il significato della posizione del braccio dal punto di non verbale.

Esterno interno

L'interno degli avambracci e dei bicipiti è piuttosto morbido e vulnerabile rispetto all'esterno dell'avambraccio e del tricipite.

Se siamo in compagnia di persone care e amiche, le nostre braccia sono aperte per consentire l'accesso alle braccia "interiori". Se tuttavia qualcosa come un pallone dovesse venire in volo verso la nostra faccia, metteremmo il braccio davanti a noi, con il braccio "esterno" rivolto verso il pericolo.

Quindi mostrare le braccia interiori è un segno di conforto, mentre quando siamo a disagio mettiamo le braccia esterne verso la direzione del disagio.

Le braccia incrociate possono significare molte cose come la copertura del busto e l'abbraccio di sé, entrambe discusse nella sezione precedente. Molti di voi avranno familiarità con l'idea che le braccia incrociate siano un segno di chiusura.

Braccia congelate
Quando le braccia si congelano letteralmente e vengono tenute vicine al corpo, è il massimo segno di disagio.

È come se dicessimo, non importa cosa succede, non sono in grado di difendere, pacificare o confortare me stesso. Le braccia congelate sono le braccia degli sconfitti.

Braccia larghe
Allargare le braccia è un'espressione territoriale simile all'esempio dell'ufficiale di polizia discusso sopra.

Ogni volta che questo è visto su un tavolo o simile è un espressione territoriale.

Infatti più le braccia sono ampie, più il soggetto è sicuro o aggressivo. È la posa dominante dei gorilla.

Movimento del braccio

Il movimento del braccio è usato per aumentare il messaggio vocale. Spostare le braccia aiuta ad esprimere ed esagerare visivamente ciò che viene detto.

Ricorda che il modo in cui diciamo qualcosa è più importante di ciò che stiamo effettivamente dicendo, anche le braccia entrano in gioco qui. Se stiamo spiegando qualcosa a qualcuno, un grande progetto o oggetto per esempio, lo evidenziamo con le braccia larghe e alte.

Lo stesso vale, se siamo a nostro agio o fiduciosi, i movimenti delle braccia lo riflettono.

Quando abbiamo poca fiducia o non siamo così a nostro agio, i movimenti delle braccia saranno meno espressivi.

Quando i movimenti delle braccia di qualcuno sono più piccoli o generalmente più lenti del solito, c'è un problema. Ricorda la base di riferimento.

Se vedi un cambiamento da movimenti delle braccia da grandi a più piccoli nel corso di un'interazione, la fiducia è diminuita.

Questo calo di fiducia potrebbe essere in risposta ad un input o addirittura come risultato di una minore certezza nella nostro stesso input, in altre parole, di ciò che stiamo dicendo, di cui potremmo non avere completa certezza. Potresti aver appena detto una bugia?

Una volta frequentavo un corso di formazione. Io e gli altri studenti eravamo riuniti nell'atrio in attesa del docente.

Conoscevamo tutti abbastanza bene il docente e quindi si sentiva molto a nostro agio intorno a noi, e noi intorno a lui, come tutti i buoni insegnanti, aveva un grande senso dell'umorismo. Era il secondo giorno del corso e non appena arrivato ha fatto quello che è noto come guardare avanti.

Così, mentreguardava il calendario per la giornata, muoveva le braccia in grandi movimenti cercando di creare un po'di entusiasmo.

Ci stava mostrando molto l'interno delle sue braccia. Quando ci disse che stavamo per iniziare e che stavamo per seguirlo nell'aula di Sherwood, il suo braccio era sollevato a livello delle spalle, di nuovo esponendo l'interno del braccio.

Una delle studentesse, una buffona, gli chiese se fosse sicuro che quella fosse la stanza giusta, in quantolei aveva visto un altro gruppo in quell'aula guardare una presentazione quando era passata da lì prima.

Immediatamente il braccio del docenteandò sul suo fianco e persino le sue spalle si afflosciarono. Dopo un secondo, gonfiò le guance e espirò. Si girò molto lentamente. Stava ovviamente considerando tutte le implicazioni della stanza che era stata prenotata anche da qualcun altro.

In mezzo secondo passò dall'essere un entusiasta uomo di controllo, fiducioso, a sembrare un bambino piccolo.

Proprio mentre stava per andare alla reception, chiese alla donna: "Sei sicura?" Lei sorrise e disse "ti ho fregato!", Il suo sollievo era evidente, si voltò verso di lei e scosse il pugno, mostrando il braccio esterno, con un sorriso sarcastico sulla faccia.

145

È interessante notare che nella frazione di secondo che la studentessa annunciò il suo scherzo innocente, una piccolo ghigno di disprezzo apparve sul viso del docente.

Alla fine del corso fu stata l'unica a non completarlo, mi è stato poi detto che non aveva superato una dei suoi esami pratici!

Così il docente passò dalla fiducia alla sfiducia in secondi e in nessun momento la sua voce cambiò tono. Tutte queste emozioni furono mostrate solo dai movimenti delle sue braccia.

Mani

Questi sono gli strumenti agili del corpo, svolgono così tanti compiti per noi, e sono una cosa veramente straordinaria.

Possono infilare un ago, formare un pugno e dare un pugno, accarezzare un amante o strangolare la vita stessa da qualcuno.

Le mani sono una parte molto espressiva del corpo che usiamo per trasmettere messaggi sia inconsciamente che consapevolmente.

Per prima cosa analizzeremo i movimenti più grandi e ci avvicineremo a quelli più piccoli e sottili. Le mani aiutano ad esprimere la parola pronunciata e sono altrettanto importanti per far passare il messaggio, ovviamente usate in congiunzione con le braccia come discusso in precedenza.

Stare lontano

Le mani alzate davanti a noi, le dita rivolte verso l'alto e i palmi verso l'esterno è un gesto evidente per far stare alla larga, non mi piaci o non mi piace cosa stai dicendo/facendo.

Lo facciamo consapevolmente per far sapere agli altri che non vogliamo che si avvicinino o che addirittura dicano qualcosa.

Facciamo questo gesto anche inconsciamente e spesso in movimenti molto più piccoli. Se abbiamo le mani appoggiate su un tavolo o sulle nostre ginocchia e sentiamo qualcosa che non ci piace tendiamo a sollevare le mani leggermente a volte anche mantenendo i polsi piantati, proprio come il grande movimento aperto, stiamo dicendo che non siamo a nostro agio, stai lontano da me.

Un buon esempio di come funziona è se ci viene offerto qualcosa. Usiamo le nostre mani per trasmettere la convinzione della nostra affermazione verbale. Ho visto eventi informali e ho notato con divertimento che i vari scambi si evolvono secondo il linguaggio del corpo anche quando il messaggio vocale è identico.

Una dozzina di persone sedute a un barbecue e il padrone di casa circola offrendo hot dog ai suoi ospiti. Se una persona rifiuta educatamente con le mani fuori davanti a loro nel gesto di far allontanare, il padrone di casa accetta e va avanti.

Se offre a qualcun altro un hot dog e rifiuta senza alcun gesto con la mano, il padrone di casa quasi certamente chiederà se è sicuro o tenterà di persuaderlo. Guarda questa interazione, è la prova inconfutabile che il linguaggio del corpo è più potente della parola.

Un altro gesto di allontanamento è in realtà l'opposto fisicamente e il messaggio è ancora più potente.

Questo è quando teniamo le mani dietro la schiena. Questo è un forte e inconfondibile messaggio di "Io sono completamente inavvicinabile", tranne che in un modo molto formale. Non permetterò che il mio spazio venga invaso.

Immagina che tuo figlio sia venuto da te per un abbraccio e hai tenuto le mani dietro la schiena, il messaggio sarebbe stato inconfondibile e devastante per il bambino.

Mettersi le mani dietro la schiena dice non venirmi vicino, è una posa difensiva e di assoluta autorità.

Questa è la posa per i più potente e sicuri di noi, dal momento che il busto è esposto e le braccia, potenzialmente protettive, non si vedono da nessuna parte.

Mani sui fianchi

Le mani sui fianchi con i pollici in avanti mostrano una posizione inquisitoria. Anche se i pollici hanno poca importanza quando si tratta di mani sui fianchi. In questo caso, la direzione delle dita è ciò che devi interpretare.

Le dita rivolte all'indietro sono meno sicure, spesso a significare che qualcuno è curioso. Ha più a che fare con il modo in cui le braccia tendono a puntare all'indietro, lontano dalla mano.

Quando le dita sono rivolte in avanti, questa è una posa più sicura. Può anche mostrare una sensazione di dominio o aggressività che ha come un effetto di indicare con le braccia e con le mani.

Le mani sui fianchi con i pollici rivolti all'indietro sono una posizione dominante a volte persino aggressiva.

Mani intrecciate

Le mani intrecciate posizionate dietro la testa è una posizione di alta sicurezza. Molto simile all'aspetto del braccio che indica, è una posizione ad alta sicurezza in se' stessi.

Come per dire sono il migliore nella stanza. In effetti, quando lo vedi in una riunione, di solito viene fatto da una sola persona e quella persona sarà sempre il leader.

L'unica volta in cui vedrai questa posizione da più di una persona è in un contesto sociale quando due persone sono estremamente a loro agio e si stanno imitando a vicenda.

Le mani intrecciate come in preghiera sono un segno di scarsa sicurezza. Avere i palmi che toccano in questo modo è un consolatore e la posizione imita in realtà una persona in preghiera, quindi una posa sottomessa.

Le mani intrecciate che si torcono vanno oltre la poca fiducia in se' e allo stress. Passa ad essere da un indicatore a un consolatore.

Questo vale anche per lo fregare le mani o sfregare le dita di una mano sul palmo o sul retro dell'altra.

Ovviamente, come per tutto il linguaggio del corpo, ci sono delle eccezioni, a volte le donne mostrano interesse per un uomo grattando delicatamente o accarezzando il dorso della mano.

Questo è un gesto primitivo, sta inviando inconsciamente un messaggio all'uomo che vorrebbe essere governata proprio come uno scimpanzé nella giungla.

Campanile

Sappiamo naturalmente che su è buono. Quando si tratta delle mani non è diverso. E' una posa che ci mostra non solo che su è buono, ma che è la cosa migliore.

Il più sicuro di tutti i gesti non verbali è quando imitiamo un campanile della chiesa con le nostre mani e le nostre dita; infatti questo gesto della mano è chiamato "il campanile".

Le punte delle dita si toccano tra di loro ma i palmi no. Sono anche aperte. Se i gomiti rimangono all'altezza della vita, il campanile è esagerato e diventa un campanile dal gomito alla punta delle dita.

Un campanile modificato è quando le mani sono intrecciate ma gli indici non lo sono. Puntano verso l'alto e si toccano per formare il campanile.

Se per esempio guardi un'intervista in cui l'intervistato inizia fiducioso, nota il campanile mentre sorridono e sono cordiali; si vede che sono sicuri di se' e a proprio agio.

Quindi osserva il cambiamento. Man mano che le domande diventano più difficili, le dita passano dal toccare la punta per poi intrecciarsi tradi lorocompletamente, e a volte possono anche arrivare a torcersi.

Mani nascoste

Questo è un gesto molto negativo a meno che non venga mostrato da qualcuno in autorità come discusso per le mani dietro la schiena.

Se le tue mani sono invisibili dietro la schiena, sotto un tavolo o nelle tasche, sarai percepito come disonesto anche se potrebbe non essere vero.

Per quanto riguarda avere le mani in tasca, questo è ancora visto da molti come una posa irrispettosa.

Se ti ricordi all'inizio del libro ho parlato di come ci piace vedere noi stessi negli altri e che siamo sempre alla ricerca di congruenza. Quindi se le mani del soggetto sono in tasca e non c'è nessun altro intorno, non è un gesto di imitazione.

Inoltre ci piace vedere le mani e le braccia muoversi all'unisono con le labbra, come discusso prima. Metti insieme questi fatti e capiremo perché non ci piace vedere i soggetti con le mani in tasca.

Le mani nascoste possono essere timide, le donne porteranno le mani dietro la schiena per mostrare la loro volontà di essere vulnerabili, e se accompagnate da un dondolio del busto è gesto di totale sottomissione, è un gesto di flirt che non può essere frainteso.

Applaudire

Questo è un evento molto rumoroso e non ci aiuta a nascondere il nostro stato emotivo o la nostra timidezza.

Questa attività può variare da battere le mani in modo lento come un gesto irrispettoso di impazienza verso applausi energici e vigorosi, a volte questo può persino trasformarsi in un battito del tavolo per aumentare l'effetto.

Mano che applaude in segno di vittoria. Lo vedo ogni settimana alla fine di una partita di calcio. La testa è sollevata e le braccia sono quasi all'altezza.

La squadra vincente lo farà senza dubbio. L'unica eccezione a cui ho assistito è stata una volta quando la mia squadra ha vinto con un margine così grande da essere imbarazzata per l'altra squadra e il battito della mano era molto più basso del solito.

Mano che applaude sulla testa in segno di sconfitta. Questo è quasi identico, solo la testa verrà lasciata cadere. Anche in questo caso, una squadra sconfitta andrà dai propri fan e farà un applauso contrito.

Palmi

Come con tutte le parti del corpo, abbiamo un lato duro e delicato. Quando si tratta di mani, i palmi sono il lato delicato e si vede in come le mostriamo.

Palmi verso l'alto

Le braccia davanti a noi a novanta gradi sul corpo, i gomiti all'altezza dei fianchi, con i palmi rivolti verso l'alto sono un segno di sicurezza e invito. Stanno invitando gli altri nel nostro spazio o in un'idea se stiamo parlando. Spesso ci sarà un leggero movimento su e giù delle braccia. Sembra che il soggetto prenda delicatamente una palla tra le mani. Se vuoi che le persone ascoltino, tieni i palmi in alto.

Una variazione sui palmi verso l'alto è quando rimangono esposti e le braccia scendono sotto l'orizzontale. Questa è una dimostrazione intenzionale della vulnerabilità. Le mani del soggetto ti stanno letteralmente implorando.

Palmi verso il basso

Le braccia nella stessa posizione detta sopra ma con i palmi rivolti verso il basso, ciò che ci viene detto è ovviamente l'opposto, ovvero che non c'è spazio per la discussione. Hai parlato con questa persona, ma adesso è finita.

Se le mani sono girate in modo che i palmi siano rivolti verso di noi, questo è molto significativo. Ovviamente formano una barriera ma anche questo gesto può essere usato per cercare di forzare la parola nella tua direzione.

Dice che devi accettare quello che sto dicendo. Quindi puoi vedere che questo è un gesto strano da usare se cerchi di convincere qualcuno della veridicità di una dichiarazione.

Palmi rivolti verso il soggetto

Se i palmi sono rivolti verso il soggetto è un segno di tranquillità. Questo vale anche quando una mano è a cucchiaio dentro l'altra e passiva.

Mani tremanti

Significa che siamo nervosi, tuttavia fai attenzione in quanto ci sono persone che hanno le mani tremantinaturalmente, quindi questo è assolutamente da interpretare in base allaguida di riferimento.

Anche l'eccitazione può far tremare le mani, come tutte le osservazioni devono essere interpretate nel contesto.

Stretta di mano

Interi libri sono stati scritti su strette di mano, così tanti che sembra banale cercare di coprire l'intero argomento in questo, ma ci sono alcuni aspetti fondamentali di cui vale la pena parlare.

La persona che offre la mano per prima o è sotto controllo o sottomessa, ovviamente come con tutti i segnali, la stretta di mano deve essere presa nel contesto insieme ad altri segnali.

Forte

Più forte è la stretta di mano, più potente è il soggetto o almeno pensa di esserlo.

Tenete presente che questa potrebbe essere l'unica volta in cui voi due siete così vicini che alcune persone ne approfittano per darsi delle arie.

Ho avuto strette mani di mano molto strette da persone in passato per poi vederli appassire durante una riunione sotto la minima pressione.

Alcune persone prepotenti tenteranno di mettere la propria mano di sopra durante una stretta di mano. La mano non è realmente di sopra, è solo che il loro palmo si rivolge verso il basso, asserendo la loro posizione.

Una volta ho letto un articolo che consigliava alla gente chericeveva una tale stretta di mano, di torcere le mani verso l'alto e stringere più forte che potevano.

Non l'ho mai visto provare ma riesci a immaginare una stretta di mano tra due persone se entrambi avessero letto lo stesso libro.

Debole

Ne consegue che più debole è la stretta di mano, più la persona è sottomessa o più debole.

Anche questo è solo parzialmente vero. Ho un familiare che è un politico e quando ci salutiamo la nostra stretta di mano è davvero abbastanza normale. Ho visto questo membro della famiglia durante la sua campagna elettorale ed è abbastanza evidente che la debolezza non è una delle sue caratteristiche.

Una variazione sulla stretta di mano debole è la stretta di mano leggera riservata agli uomini per le donne, di solito in ambiti sociali.

Sul posto di lavoro le donne si stringono la mano su un piano di parità. Quindi di solito è più forte ma non autoritaria.

Tra l'altro, nell'ambiente di lavoro, se una donna dà la mano ad un uomo per prima, allora lei pensa di avere il controllo.

Agitare le mani

Quando si tratta di mani usate in saluti e addii, più alta è la mano, più positiva è l'emozione che c'è dietro. Le mani agitate sono eccitate e soddisfatte.

Le mani agitate all'altezza del fianco sono quasi sdegnate e non sono affettuose. Quindi più in basso è agitata la mano, meno è il rispetto e/o l'amicizia che esiste tra la coppia che sta comunicando.

Pugni

Quando facciamo il pugno con la mano o con le mani è un segno di forza, questa dimostrazione di forza è universale indipendentemente dalla situazione.

Lo scuotere il pugno di fronte al viso sta dicendo sono il numero uno. Si è vero, io sono un vincitore. Ti posso affrontare a testa alta.

Se facciamo un pugno con le nostre mani al nostro fianco, questo è un chiaro indicatore del passaggio allo stato di combattimento. Ci siamo arrabbiati e ne abbiamo avuto abbastanza.

Un pugno sbattuto su un tavolo o su un leggio sta dicendo io ci credo e dovresti crederci anche tu.

Quando entrambe le mani sono serrate e poi sollevate sopra la testa, questo è il segnale universale che una vittoria è stata raggiunta.

Mani sulle ginocchia

Quando la persona con cui stai parlando si sposta in avanti sulla sedia e mette entrambe le mani sulle ginocchia, ti sta dicendo che se ne sta andando, proprio ora.

Spesso interromponol'altra persona e dicono qualcosa come "mi piacerebbe sentire quello che hai da dire ma è che devo veramente andare".

Se sei in un gioco di potere di qualche tipo come una trattativa e vedi questo movimento in avanti, puoi prendere il comando prima che sia lui a parlare.

L'ho fatto anch'io. Proprio mentre il mio avversario in una riunione si spostava in avanti e metteva le mani sulle sue ginocchia, ero in piedi a guardare il mio orologio, mi scusai e gli dissi che dovevo andare in un posto importante.

È stato immediatamente messo in svantaggio (congelato) e io avevo preso il controllo.

Le mani che rimangono sulle ginocchia a lungo sono un segno di scarsa sicurezza, specialmente se le mani sono sulle ginocchia e la persona si china in avanti.

Mettere le mani su ciò che è nostro può essere fatto per mostrare possesso. È divertente osservare negli uomini giovani. Sembrano toccare in modo assiduo le loro auto e le loro fidanzate.

Dita e pollici

Nella sezione precedente ho parlato un bel po' della posizione e del movimento delle dita, poiché alcune pose e movimenti delle mani includono anche le dita. Non ho intenzione di ripetere i fatti. Invece rileggi le mani una volta terminata la sezione su dita e pollici.

Mordere le unghie apertamente di fronte agli altri sarà letto come un segno di scarsa sicurezza. È molto simile al succhiare il pollice che è il primo di tutti i comportamenti confortanti. Il succhiare del pollice inizia con i neonati e non ha bisogno di inneschi esterni o di incoraggiamenti da parte degli adulti.

Il dito che indica in particolare se è accompagnato da una lite, è un insulto universale che mostra mancanza di rispetto e arroganza.

Ciò vale anche per lo schioccare delle dita verso altri per attirare la loro attenzione.

Quando mettiamo le dita su una superficie come una scrivania e i nostri palmi sono sollevati, in una sorta di posa da ragno gigante, è un'esibizione di sicurezza. I soggetti spesso spingono il loro peso in avanti in questa posizione cercando di risolvere un problema.

Se da questa posa si passa a tamburellare con le dita, è un segno di impazienza e persino rabbia.

Una posizione simile a questa è quando le dita sono solo leggermente aperte, questa è una posizione neutrale o sicura.

Se questo si trasforma in dita tamburanti è un sicuro segno di nervosismo.

Toccare con il pollice le dita della stessa mano indica che un soggetto è annoiato. Non solo sono annoiati ma sono anche desiderosi di farti sapere che sono annoiati.

Pollici

Sebbene siano una delle nostre più piccole estremità, possono mandare messaggi non verbali molto potenti. A parte i segnali molto ovvi e per lo più consci come i pollici in su o pollici in giù.

I pollici in su mostrano sicurezza.

I pollici in giù sono un segno che questa persona non ha fiducia.

Girare il pollice di lato con il resto delle dita nella posizione serrata è sprezzante e offensivo. È lo stesso gesto che usiamo quando chiediamo un passaggio per strada.

Quando lo indirizziamo verso una persona è un livello di maleducazione anche peggio che puntare il dito.

I pollici nascosti mostrano che la persona non è molto sicura di sé. Quelli clinicamente depressi spesso nascondono i pollici in tanti modi diversi.

I pollici nascosti, come quando vengono messi in tasca e le dita sono ancora in mostra, sono un segno di scarsa sicurezza.

L'opposto in cui le dita sono posizionate nelle tasche e i pollici sono ancora visibili è un indicatore di alta fiducia in se stessi.

C'è un'eccezione ai pollici nascosti che sono segno di poca fiducia in sé, questo avviene durante l'incorniciatura genitale. Di cui leggerai nel prossimo capitolo.

Parte Inferiore

Genitali

Una parte molto delicata dell'anatomia, soprattutto per il maschio, ma anche piuttosto prominente, e piuttosto esposta. Sono esposti a differenza di altri organi che sono racchiusi e protetti.

Protezione

Coprire l'area genitale è un atto protettivo. In effetti è una zona così sensibile sia fisicamente che per il sistema istintivo che coprire i genitali spesso è fatto apertamente e senza vergogna.

Questo naturalmente ha senso per tutte le parto del nostro cervello, dall'inconscio alsubconscio fino alla coscienza.

A volte quando gli stimoli diventano così vividi e preoccupanti per il soggetto, possono spesso essere visti, non solo coprire, ma effettivamente esercitare pressione in quell'area nel tentativo di ottenere la massima protezione.

È come se stessero cercando di forzare i genitali all'interno del corpo. Il volto della persona si contorcerà spesso come in una vera agonia accompagnata da veri e propri suoni ansimanti. È interessante notare che i maschi adulti più giovani tra di noi reagiranno più fortemente rispetto agli uomini più anziani.

Incorniciare

Mettere le mani come formare una cornice attorno ai genitali è un indicatore di alta fiducia. Associato ad un corteggiamento preliminare.

Gli uomini si fermano spesso in un bar di fronte alle donne con le mani rivolte verso il basso e verso l'interno. È un tentativo di attirare l'attenzione sui genitali in un atteggiamento simile ad un pavone.

Avere i pollici nelle tasche e le dita rivolte verso i genitali è un segno simile. In realtà è un tentativo di fare andare l'attenzione degli occhi su quella parte.

Quando gli uomini sono seduti spesso incorniciano i genitali divaricando le gambe e sporgendosi in avanti permettendo alle loro mani di penzolare tra le gambe e i polsi per incorniciare i genitali. Non ci si può sbagliare questo è un'altra versione del gesto di accoppiamento menzionato sopra.

Gambe

Le gambe sono i nostri arti più grandi e sono responsabili di farci spostare da un posto all'altro. Sono ottimi indicatori dello stato d'animo generale e dell'intenzione del soggetto.

Queste si fermeranno e si congeleranno con un passo lento quando allertate.

Loro letteralmente faciliteranno la fuga e, naturalmente, se saremo costretti a combattere ci terranno fermi e stabili.

Le gambe non devono essere ignorate.

Sfregare le gambe

Un consolatore universale, è anche uno degli indicatori di stress più affidabili. Non solo conforta, ma è anche uno sforzo inconscio per "allontanare" gli stimoli che stanno causando il disagio.

Strofiniamo le nostre cosce soprattutto quando ci sediamo, quasi come se stessimo spingendo via le informazioni indesiderate dai nostri corpi e la rimandiamo indietro da dove sono venute.

Sfregamento della gamba superiore

Attenzione anche allo sfregare della gamba superiore. Il soggetto si strofina lentamente la coscia mentre parla, se le gambe sono incrociate sarà la gamba sopra, con sicurezza o in maniera condiscendente, spesso il sogghigno facciale sarà presente come una o più micro espressioni durante la discussione.

Questo sfregamento delle gambe può diventare ancora più pronunciato e in realtà portare alla lisciatura delle gambe che è il rifiuto finale dell'altra persona.

Questo sfregamento delle gambe, identica a quella della spalla menzionata prima, visibile a tutti sembra come se stessimo letteralmente raccogliendo piccoli pezzi di sporcizia dalla gamba e li buttiamo via. Come per dire non sei altro che un pezzo di sporcizia e non ti sto ascoltando.

Incrociare le gambe da seduto

Ha connotazioni sia negative che positive. Il trucco sta nel guardare la postura del resto del corpo e l'espressione facciale, ma come regola generale ecco come la gamba incrociata invia un messaggio.

Se la gamba è incrociata verso di te, vale a dire che il piede della gamba superiore è rivolto verso di te, questo è un segnale di conforto e le cose probabilmente vanno bene.

Quando la gamba superiore è rivolta verso l'esterno, è vero il contrario, la coscia sta tentando di formare una barriera tra voi due.

Se qualcuno incrocia le gambe innaturalmente in alto e addirittura mette le mani attorno allo stinco e alla coscia, questo sta affermando la barriera e la fa apparire inamovibile.

Non c'è modo di comunicare con questa persona.

Incrociare le gambe in piedi

Quando le gambe sono incrociate e siamo in piedi, stiamo mostrando un livello molto elevato di agio e sicurezza. Avere le gambe incrociate mentre ci si trova in piedi significa che la nostra guardia è completamente giù perché è così incongruente con la possibilità di fuggire se il pericolo dovesse presentarsi.

Incrociando una gamba sull'altra si sostiene tutto il peso su una gamba.

Provaci, è divertente e funziona. La prossima volta che vi trovate ad una festa o ad una riunione, aspettate che le persone siano abbastanza rilassate e molti sono in piedi con le gambe incrociate che si divertono, scegliete un momento opportuno ed emettete un forte rumore.

Fai cadere un vassoio o una cosa simile e osserva. La reazione alla paura sarà una delle due cose. Per prima cosa potrebbero immediatamente scavallare le gambe e rimettersi su un piano uniforme e congelarsi, o semplicemente si congeleranno momentaneamente prima di staccare lentamente le gambe. A queste reazioni seguirà immediatamente un consolatore.

Movimenti delle gambe

Spasmi, rimbalzi e oscillazioni delle gambe sono tutti segni di disagio. Può verificarsi quando si è in piedi o seduti con i piedi piantati o incrociati.

A causa della loro funzione, le gambe possono inviare solo un paio di tipi di messaggi.

Portami fuori di qui, oppure resisti e combatti.

Quindi, una volta che vedi le gambe, fai attenzione agli altri indizi e sarai in grado di vedere quali sono le intenzioni dei soggetti.

Attenzione; il movimento delle gambe sotto forma di spasmi, rimbalzi, ecc. può anche indicare eccitazione. In casi estremi si trasformerà in veri e propri salti.

Contrazioni

Le piccole contrazioni generali delle gambe possono essere molto spesso un'abitudine nervosa, ma ovviamente questo sarà identificato durante le osservazioni di base.

Se tuttavia la contrazione non è un comportamento continuo e si verifica, può indicare che il soggetto è diventato a disagio. Il messaggio è che non voglio più essere qui.

La ragione del disagio dovrà essere stabilita, è perché ha sentito o visto qualcosa che non gli è piaciuto, o è solo impazienza generale.

Rimbalzare le gambe

Una forma più pronunciata di contrazioni. Quindi ovviamente può indicare la stessa intenzione di fuga solo con un maggior grado di disagio.

Quando ci si siede spesso vediamo un movimento di rimbalzo della gamba pronunciato. Certo, significa disagio, ma l'intenzione è leggermente diversa da quella sopra descritta. Questa volta è un movimento aggressivo, è un calcio istintivo.

Stiamo tentando di buttar via le informazioni o addirittura di dare un calcio simbolico a qualcuno o qualcosa. Quando le nostre gambe rimbalzano è il meccanismo di difesa finale che "calcia", scusate il gioco di parole.

Quando le donne flirtano si può notare spesso il rimbalzo o l'oscillazione delle gambe.

Gambe larghe

Le gambe larghe sono rivendicazioni territoriali. Prendendo spazio soprattutto a scapito degli altri è una posa dominante; dice sono più importante di te.

Spesso questo viene fatto in modo abbastanza consapevole con la pretesa che il soggetto stesso non sia consapevole delle proprie usurpazioni.

Se si verifica faccia a faccia mentre si sta in piedi può essere più di una semplice posizione dominante. Con le sopracciglia annodate e le braccia incrociate può essere una posizione molto aggressiva. Questo è un tentativo di renderci più stabili e pronti per il combattimento.

Piedi

Poiché i piedi hanno un ruolo così importante nel processo di paura del combattimento, dovrebbero essere osservati nel modo più dettagliato possibile.

In definitiva, insieme alle gambe, i piedi sono le cose che ti porteranno via in sicurezza durante la fuga o manterrai le gambe dritte e stabili se si tratta di combattere. Quindi quando si tratta di interpretare i piedi, sappi che non possono mentire. I piedi mostrano emozioni e intenzioni in tempo reale che reagiscono istantaneamente agli stimoli.

Piedi uni di fronte agli altri

I piedi guardano dove vogliono andare. Guarda due amanti che si baciano o ballano e i loro piedi non solo si fronteggiano, ma si intrecciano.

I piedi rivolti verso l'esterno sono in qualche modo un segno di disagio.

I piedi indicano dove vogliono andare, anche se il proprietario deve restare. Se stai parlando con qualcuno e uno dei loro piedi è rivolto verso la porta, stanno mostrando la loro intenzione e sono impazienti di andarsene.

Se entrambi i piedi sono rivolti verso la porta e solo la parte superiore del corpo è rivolta verso di te, allora ti hanno già congedato non verbalmente e probabilmente non vanno via a causa delle convenzioni sociali. I piedi rivolti verso l'esterno stanno alla fine dicendo che non vogliono essere qui.

Piedi danzanti

Ballare è un'espressione universale di gioia. Danze regolate o semplici nell'interesse dell'etichetta sociale sono quindi segnali di conforto.

Questo può significare qualsiasi cosa, dalle dita dei piedi attorcigliate, o il gioioso slancio per stare in punta di piedi per sentire la sensazione di essere alto tre metri. Questo può andare anche oltre. Saltando di gioia.

Le dita dei piedi rivolte verso l'alto sono un gesto felice, è una versione conservatrice del ballo o del salto. Spesso visto quando si è seduti.

Di recente ho visto due donne in un bar; erano vicine l'un l'altra e parlavano felicemente forse in modo leggermente cospirativo.

Durante la conversazione una donna girava lentamente il piede mentre l'altra donna parlava. All'improvviso il suo piede si fermò e si accartocciò le dita dei piedi verso il soffitto.

Ho detto a mio figlio che stava bevendo con me "quella donna laggiù sta per ridere". Abbastanza sicuro in pochi secondi ha iniziato a ridere ad alta voce.

Cosa era successo? Stava mostrando intrigo ma non solo essendo vicina ma anche perché il suo piede stava ruotando lentamente mentre assorbiva le informazioni che erano inoffensive, poi quando le dita dei piedi salivano era in previsione di una battuta di qualche tipo.

Piedi piantati

I piedi piantati sono piedi infelici che possono indicare una risposta al congelamento; possono anche essere i piedi piantati dell'intenzione di combattere.

In entrambi i casi l'emozione che li accompagna è di disagio. Sono anche "i piedi giù", mi riferisco ovviamente al fatto che su va bene e giù va male. Dal momento che non possiamo davvero spingere i piedi attraverso il pavimento mostriamo il nostro disagio incollandoli ad esso.

Quando siamo sicuri di noi stessi e siamo in piedi, i nostri piedi tendono ad essere direttamente sotto le nostre spalle, almeno per gli uomini. Quando siamo meno a nostro agio i nostri piedi tendono ad avvicinarsi. Per le donne questo non è necessariamente il caso soprattutto se indossano una gonna o un vestito.

Piedi nascosti

Sono un sicuro segno di disagio e scarsa sicurezza, come menzionato in tutte le altre aree del corpo, ogni movimento che un soggetto toglie da un altro, o oggetto, è un tentativo di mettere la distanza tra loro? Se ciò accade all'improvviso, allora è un sicuro segno di reazione negativa.

Spasmi, rimbalzi o oscillazionidei piedi sono affrontati sopra nella sezione gambe.

Piedi strascicati

Disagio o impazienza. È come una sorta di camminare sul posto, il cervello istintivo sta portando avanti il movimento senza portarci da nessuna parte.

Lo noto con i bambini quando vengono castigati che insieme alla testa bassa, come precedentemente discusso, muovono anche i piedi. Ovviamente preferirebbero essere altrove che lìin quel momento.

Scarpa a penzolone

Le donne spesso lo fanno come una posa di grande agio. Hanno il tallone esposto e la scarpa appesa alle dita dei piedi spesso accompagnata dal movimento del piede. Se le cose subiscono una virata in direzione negativa, la scarpa calza subito al piede.

Tonalità

Come diciamo qualcosa rappresenta il trentotto percento di come far arrivare il messaggio agli altri. Ovviamente non è così importante come il nostro linguaggio del corpo reale, ma è molto più importante delle parole che stanno veramente uscendo dalla nostra bocca. Di fatto più di cinque volte più importante e quindi cinque volte più onesto.

Leggere questo indicatore non verbale è importante quasi quanto il linguaggio del corpo, specialmente se la persona che consegna il messaggio è abile nel mascherare e il lettore non è abbastanza veloce da vedere o decifrare correttamente le micro espressioni che vengono date.

La prima cosa da notare è che la consegna verbale è congruente con il linguaggio del corpo e le parole effettivamente pronunciate.

Il messaggio verbale è calmo, se è così anche la voce suona calma e uniforme? È abbastanza neutrale rispetto al normale modo di parlare del soggetto?

Se il messaggio è di euforia, buona notizia o sorpresa. La tonalità corrisponde? Anche loro corrispondono alle espressioni del corpo.

Ricorda se vengono date notizie eccitanti. Il corpo dovrebbe essere in crescita.

L'espressione facciale dovrebbe essere felice e il tono eccitato. In particolare, i movimenti delle braccia dovrebbero essere espressivi.

Inganno

Qualcuno mi sta mentendo?

Ho messo qui un breve capitolo per gli appassionati di poligrafo umano. È solo un breve capitolo perché per fare giustizia alla materia ci sarebbe bisogno di un intero libro.

Una parola di avvertimento. Rilevare bugie è un'abilità molto difficile fare attenzione a non giudicare troppo facilmente gli altri.

Rilevare bugie è la parte più difficile della lettura non verbale. I test hanno dimostrato che anche i migliori al mondo hanno una percentuale di successo di cinquanta-cinquanta quando si tratta di essere un poligrafo umano.

Quando si cerca di identificare le bugie, dobbiamo essere prudenti e fare affidamento su più interpretazioni, non è una cosa facile o veloce. Diventa più facile a seconda di quanto stretta relazione abbiamo con il soggetto. Come ho già detto, i genitori sono buoni rivelatori di menzogne, ma anche loro lo solo fino a un certo punto.

Se scegli di utilizzare le tue abilità non verbali per rilevare bugie, devi avere una guida di riferimento molto solida. Devi diventare super efficiente nell'interpretazione di tutti gli aspetti dei segnali che leggi. Un segnale da solo non ti darà nulla.

Tenete presente che ciò che stiamo cercando nel complesso è il disagio. Il problema sta proprio lì quando mettiamo qualcuno sotto pressione, il processo stesso è inquietante. Anche la natura delle domande potrebbe essere aggressiva e causare disagio di per sé.

La prima e più importante cosa da ricordare se hai intenzione di interrogare qualcuno è di rimanere calmo.

Il prossimo è esattamente lo stesso del primo consiglio in questo libro e cioè quello di stabilire una guida di riferimento affidabile. Assicurati di conoscere le abitudini neutre o abituali del soggetto. Questo deve essere fatto nel corso del tempo, più a lungo lo si fa e meglio è. Fai domande vaghe, tante quante ne servono prima di andare avanti.

Una volta che sei sicuro di avere una guida di riferimento affidabile, fai altre domande prima di passare a quelle incriminanti.

Sebbene non ci sia un ordine scientifico per il sistema di risposta non verbale, quello qui di seguito non è un cattivo schema logico. Seguendo il sistema Paura, Congelamento, Fuga, Combattimento, puoi vedere questi apparire in una versione mini nei segnali.

Poni la domanda chiaramente e fai una pausa.

Cerca una microespressione per primacosal, ricorda che sono i veri segnali.

Quindi nota qualsiasi cambiamento, non importa quanto sia lieve,la postura, l'espressione facciale o altri movimenti.

Finalmente fai attenzione per un consolatore.

Se hai notato qualcosa che ti avvisa, segui questa linea di domande. E ripetendo il processo ricorda di rimanere calmo.

Quando le persone dicono la verità tendono a rinforzare i loro verbali con movimenti espressivi.

Ad esempio se dicono a destra. Indicheranno o annuiscono la testa alla loro destra. Quando le persone dicono bugie questi movimenti diventano molto meno prevalenti.

A volte inesistenti. Fai attenzione però che un buon bugiardo enfatizzerà nel tentativo di ingannare il tuo cervello istintivo nel vedere il linguaggio del corpo sbagliato. La regola è che le espressioni di accompagnamento dovrebbero rafforzare le parole dette ma non dovrebbero essere forzate.

Un'altra cosa che accade quando le persone mentono è che lo stress tende a stringere le corde vocali. La loro voce può diventare più piatta del solito.

Anche le risposte effettive diventeranno meno espressive. Soprattutto se la guida di riferimento è che una persona che è solitamente un chiacchierone, poi all'improvviso sotto interrogatorio danno risposte brevi. In casi estremi anche solo sì o no.

I bugiardi tendono a calmare dopo aver fatto affermazioni false. Questo è generalmente associato alle bugie da commissione. Queste sono bugie in cui il soggetto sa di aver fatto una dichiarazione falsa.

Anche la linguaccia è un classico indicatore della menzogna. Questo di solito accompagna una bugia di omissione. Queste sono bugie in cui le informazioni vengono nascoste.

La linguaccia può anche essere un indicatore che il soggetto non vuole parlare troppo.

Vale la pena ripetere ancora e ancora. Fai una guida di riferimento e cerca multipli segnali.

Bel gioco

Ho incluso questo capitolo come una sorta di esempio di quanto sia facile vedere il linguaggio del corpo tutto intorno a noi e ignorarlo.

Ogni settimana vado a vedere la mia squadra locale di calcio.

Ogni settimana guardo una serie di danze tra i giocatori, gli arbitri e la folla.

La relazione tra i tre elementi è affascinante. L'umore della folla colpisce i giocatori. Le prestazioni del giocatore influiscono sulla folla. Si suppone che gli arbitri siano paragonati alle figure dei genitori garantendo un gioco leale. Tutto ciò sembra molto ovvio, ma dai un'occhiata più da vicino.

Il cartellino giallo

Un fallo è commesso e l'arbitro fischia. Il giocatore che ha commesso l'infrazione si allontana quasi sempre dall'accaduto e dall'arbitro. Anche se ai giocatori viene detto di fare questo, c'è anche un elemento istintivo sottostante a ciò. Sta tentando di prendere le distanze dalla minaccia.

Quando la folla, a questo punto, inizia a gridare all'arbitro, è una risposta di protezione universale.

L'arbitro si sposta verso il giocatore tira fuori il suo cartellino giallo e lo mostra al giocatore.

A questo punto diventa molto interessante, in quasi ogni occasione il giocatore volterà le spalle all'arbitro e si chinerà verso il basso. Molto spesso tirerà su i calzini. Quello che sta facendo in realtà è mostrare all'arbitro la sua parte posteriore.

Il giocatore allora o andrà via o andrà dal giocatore dell'opposizione a cui ha fatto il fallo e si stringeranno la mano. Questo è un buon indicatore dell'atmosfera generale in cui si sta giocando.

Un'altra cosa che stava succedendo era che l'arbitro aveva permesso a tutti quanti di vedere quanta autorità avesse sul gioco in generale.

Quando si è mosso verso il giocatore stava indicando la volontà di scendere a compromessi, dovendo inseguire il giocatore sulla sua parte di campo.

E permettendo al giocatore di guardare lontano da lui e mostrargliil cartellino alle sue spalle, dimostra che il giocatore ha il potere.

Un arbitro che ha il pieno controllo della partita si fermerà dove è avvenuto il fallo e farà tornare indietro il colpevole, mostrandogli il cartellino in faccia. Mentre il giocatore si gira per eseguire il rituale di piegarsi e tirare i calzini su, l'arbitro si allontanerebbe.

Il cartellino rosso

L'arbitro fischia di nuovo.

Questa volta però il fallo è serio. Il giocatore incriminato lo sa. A differenza dell'incidente con il cartellino giallo, il giocatore manterrà la propria posizione. Sa che la fuga non funzionerà.

Si muove dritto in battaglia. Resta in piedi, sospetta che la conseguenza delle sue azioni possa essere grave e quindi si prepara a discutere il suo caso di solito in modo molto espressivo.

L'arbitro si avvicina e mostra il cartellino rosso.

Ora il giocatore sa che non c'è ritorno, tuttavia protesta ancora. Le proteste ora sono per una ragione diversa. Il pieno impatto della situazione è su di lui. Sa che ha deluso la sua squadra e i suoi tifosi.

Sa anche che dovrà fare la camminata della vergogna fuori dal campo. Più lontano si trovi dall'uscita del campo, più a lungo protesta.

In questo caso l'arbitro ha ragione di andare dal giocatore. Questo mostra autorità e intento. Sa che se permette al giocatore di venire da lui sarebbe eccessivamente crudele. Questo è come un genitore che va dritto da un bambino a schiaffeggiarlo per comportamenti inaccettabili. Piuttosto che far soffrire il bambino camminando verso il proprio destino.

La reazione della folla inizialmente è la stessa del cartellino giallo. Difenderanno i loro a qualsiasi costo. Questo si trasforma in un nervoso silenzio mentre realizzano che la loro squadra è indebolita.

Anche l'onestà percepita del giocatore è espressa da come la folla reagisce in generale.

Se il giocatore è considerato un membro della squadra equo e laborioso, verrà applaudito da gran parte della folla, questo applauso forse si attenuerà, ma lo seguirà fino a fuori dal campo.

Il suo reato è considerato fuori dal normale e forse anche un vero e proprio errore.

Se il giocatore è uno che sembra essere sempre un po'troppo aggressivo o è un giocatore d'azzardo, allora l'applauso sarà inesistente. Se ce n'è qualcuno sarà solo da alcuni fan, quelli saranno quelli a cui piace il suo stile di gioco.

Dodicesimo uomo

Quando i tifosi sono vivaci, questo si riversa nel campo di gioco. Cantano e incoraggiano i giocatori individualmente e come una squadra. Battono i piedi e le mani. Tutte queste cose sono "su". Fare rumore è una cosa positiva.

I giocatori rispondono perché si sentono bene con se stessi. Le loro teste sono all'insù e si sforzano di marcare e correre. Sono anche disposti a provare cose audaci. Questo ha un effetto a palla di neve, i giocatori si sforzano, i tifosi apprezzano lo sforzo e incoraggia di più. E questo va avanti e avanti. La squadra di solito ha un buon risultato in una giornata come questa.

Anche se la squadra non vince, lo sforzo è apprezzato e i giocatori apprezzano il supporto.

Questo cerchio di eventi può iniziare con entrambi. Può iniziare con una buona azione di gioco che dà ai tifosi uno stato d'animo positivo. Oppure può iniziare con i tifosi già di buon umore prima di cominciare la partita.

La maggior parte della gente pensa che i tifosi siano il dodicesimo uomo o niente. Questo non potrebbe essere più lontano dalla verità. I tifosi e la squadra sono collegati.

Quindi la relazione può essere positiva o negativa ma non può essere nulla. Quindi i tifosipossono aiutare o ostacolare.

Il tallone d'Achille

L'opposto dell'effetto del dodicesimo uomo è quando l'emozione si muove nella direzione opposta. Se i tifosi sono silenziosi possono rendere la situazione difficile per la squadra. Se sono critici questo può significare disastro.

Di nuovo, questo può iniziare con i giocatori o gli spettatori.

Se un giocatore fa una brutta mossa, per esempio un brutto passaggio all'inizio del gioco ed è perdonato. È sempre incoraggiato per la sua sagacia e sforzo. Se lui o altri giocatori ne fanno molti altri, allora attenzione. Il perdono può trasformarsi in alcuni gemiti impazienti. Poi peggio, critica!

Una volta che ci sono le critiche è tutto finito. I giocatori non hanno altra scelta che rispondere in modo gentile. Ricorda che il cervello istintivo prende la vera decisione.

I giocatori occuperanno meno spazio mentre si restringeranno leggermente. Diventano meno disposti a fare del loro meglio. E certamente non rischieranno.

Questo li conduce a farsi prendere dal panico quando sono sulla palla o addirittura a pensare.

L'inconscio diràо tira la palla (la responsabilità) il più lontano possibile.

Oppure si fermano a pensare mezzo secondo nel tentativo di non commettere un errore. L'altra squadra mantiene il suo ritmo e sembra essere più veloce e migliore.

Ovviamente la folla diventa più critica e il tutto peggiora.

Il super sostituto

Il problema adesso è che il pubblico e la squadra sono in difficoltà.

Cambiare il tono ed elevarlo è quasi impossibile. A meno che non succeda qualcosa di grande ispirazione.

Come un obiettivo fuori dal nulla. O l'arrivo del super-proverbiale.

Il fenomeno dei super-sostituto è qualcosa di importante. Questo giocatore arriva dopo aver assistito all'atmosfera negativa. I suoi compagni di squadra sono giù e così lo sono i tifosi. Non ha nulla da perdere e non sarà giudicato duramente come il resto visto che non era presente durante la crisi iniziale.

Il suo arrivo consente che succedano un paio di cose.

Un'iniezione di energia e i tifosi possono ripristinare il loro stato d'animo.

Il sostituto arriva con le istruzioni tattiche per la squadra e incita a mettercela tutta.

I tifoso pensano che la situazione non possa peggiorare. Questo è fondamentale. Poiché pensano che non possa peggiorare stanno inconsciamente pensando che possa solo migliorare. La situazione non può rimanere esattamente la stessa perché la tattica della squadra è cambiata.

Così, quando il gioco riprende, i tifosi urleranno, incoraggiando e lo spirito di squadra sarà leggermente sollevato, è un nuovo inizio.

Prima che tu lo sappia, il gioco è alle stelle. I giocatori stanno migliorando e i tifosi cantano e incoraggiano.

Le sostituzioni possono cambiare tutto, specialmente se il giocatore è apprezzato dalla folla e rispettato dai suoi pari.

Tra l'altro, il giocatore che viene sostituito ha molto da dire anche con il suo corpo. Se viene sostituito a causa di un infortunio, di solito va via zoppicando. Prima di uscire, a volte gioca al gioco del gatto e del topo.

Se la sua squadra è in vantaggio, camminerà verso l'altro lato del campo per avere una camminata più lunga per lasciare il campo dove ci sono gli arbitri. E camminerà come se avesse solo abbastanza energia per fare una piccola corsa.

Se invece la squadra sta perdendo, lo vedremo correre via dal campo per consentire una sostituzione più rapida.

Se un giocatore viene sostituito contro la sua volontà per vantaggio tattico, per esempio, sarà spesso dispiaciuto. Abbasserà le braccia e metterà i palmi in avanti in un gesto interrogativo.

Sa perché è stato sostituito, vuole solo che i tifosi si accorgano che ècontrario alla decisione senza essere apertamente irrispettoso nei confronti del manager.

Goal per noi

Quando la mia squadra segna un goal. La reazione di tutti è la stessa

Il primo secondo in cui la palla entra nella rete è puro istinto. Le braccia salgono, le persone saltano, il giocatore salta e butta le braccia in aria. Tutti i tifosi e i giocatori sono coinvolti nell'euforia.

Questo è ciò di cui si tratta.

Ricorda che tutto è attivo e va bene.

È interessante notare che dopo la celebrazione iniziale i giocatori, in particolare quelli direttamente coinvolti nel punteggio, applaudiranno i tifosi.

Questo è spesso male interpretato come un segno che i giocatori stanno dedicando l'obiettivo a tutti. In realtà ringraziano i tifosi per la propria parte nell'obiettivo. I lati positivi di essere il dodicesimo uomo, uno dei giocatori.

Stanno indicando istintivamente che facciamo tutti parte della squadra.

Goal contro di noi

Quando un gol è segnato contro di noi, questo è ovviamente negativo.

I tifosi sono storditi nel silenzio e l'atmosfera è buia.

Ma guarda i giocatori per un'indicazione di come andrà il resto del gioco.

Usiamo un'espressione "le loro teste verso il basso" e questa è più di una semplice espressione.

Le teste del giocatore andranno effettivamente giù. Le loro spalle si afflosciano e i loro movimenti del corpo diventano letargici. Non al punto che si stanno deprimendo, ma è lì.

A volte il contro è contro l'andamento del gioco e questo in realtà può avere l'effetto opposto sui giocatori.

L'ingiustizia fa loro raddoppiare gli sforzi, mantengono la testa alta e i tifosi continuano a incoraggiare e continuano a giocare bene. Ciò si traduce spesso in un goal equalizzatore veloce.

Ciò è anche attribuibile al fatto che le squadre che hanno appena segnato diventano vulnerabili. Il loro cervello limbico o istintivo ha appena raggiunto un obiettivo e per un minuto o due stanno ancora vivendo quella sensazione di successo.

Non è una cosa così facile impostarti un nuovo traguardo così presto dopo averne appena raggiunto uno.

All'attacco

Questo è davvero l'animale istintivo al lavoro.

Una squadra all'attacco diventa il predatore. Prendono la palla, si girano, si fermano, cercando costantemente un modo per attaccare e uccidere (quindi battere) l'avversario davanti a loro.

Gli altri giocatori della sua squadra stanno cercando di ottenere un vantaggio, naturalmente.

Le loro teste si muovono. Il loro movimento corporeo è aggressivo e ottimista.

In difesa

La squadra in difesa sta facendo marcia indietro. Segni di fuga. Fino a quando non si avvicinano al loro nido o porta. Poi stanno a terra pronti a combattere. Rendono i loro corpi grandi nel tentativo di mostrare il dominio.

Una volta che sanno di essere impegnati a combattere, affrontano la palla.

Gareggiano con l'avversario per costringerli ad allontanarsi la porta.

E di solito ci sono un sacco di spintoni.

Naturalmente tutte queste cose fanno parte della tattica di gioco e così via, ma è interessante notare che molte delle cose che accadono sono istintive e vengono visualizzate nel linguaggio del corpo.

Una delle più grandi critiche che sento è che i giocatori guardano la palla. Cerca di non essere troppo severo con loro questo è il classico congelamento. Per una frazione di secondo il loro cervello riconosce che c'è una minaccia e la cosa istintiva per il corpo è congelare. Per quanto tempo il congelamento è tenuto è di solito la cosa fondamentale.

Ho menzionato in un capitolo precedente vincendo e perdendo, quindi non lo ripeterò. Quello che menzionerò è che queste osservazioni sono fatte sulla mia pelle, per così dire, ogni settimana. Il team che tifo, amo e supporto è il Boston United.

.

www.ingramcontent.com/pod-product-compliance
Lightning Source LLC
Chambersburg PA
CBHW051722020426
42333CB00014B/1110